Couverture Inférieure manquante

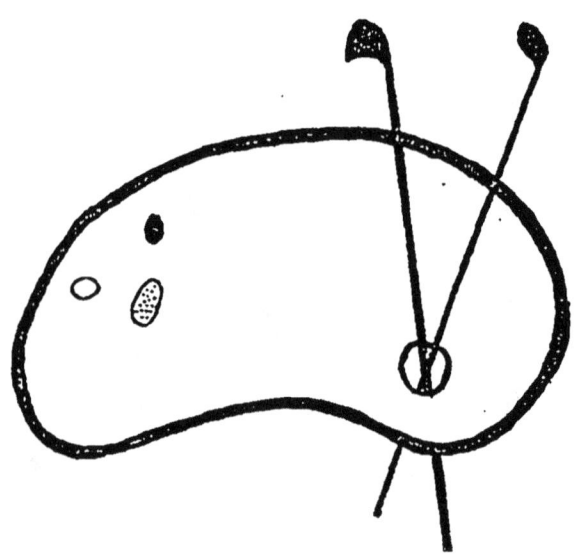

DEBUT D'UNE SERIE DE DOCUMENTS
EN COULEUR

RENÉ BAZIN

A L'AVENTURE

CROQUIS ITALIENS

PARIS
CALMANN LÉVY, ÉDITEUR
RUE AUBER, 3, ET BOULEVARD DES ITALIENS, 15
A LA LIBRAIRIE NOUVELLE

1891

A L'AVENTURE

CALMANN LÉVY, ÉDITEUR

DU MÊME AUTEUR

Format grand in-18

LES NOELLET. 1 vol.
UNE TACHE D'ENCRE. *(Ouvrage couronné par l'Académie Française)*. . . . . 1 —
MA TANTE GIRON . . . . 1 —

IMPRIMERIE CHAIX, RUE BERGÈRE, 20, PARIS. — 17300-8-90.

RENÉ BAZIN

A L'AVENTURE

CROQUIS ITALIENS

PARIS
CALMANN LÉVY, ÉDITEUR
ANCIENNE MAISON MICHEL LÉVY FRÈRES
3, RUE AUBER, 3

1891
Droits de reproduction et de traduction réservés.

AVANT-PROPOS

Il y autant de manières de voir et de voyager qu'il y a de fantaisies, et de projets d'étude ou de plaisir, et de souvenirs même en chacun de nous. Tout ce qui change nos âmes change aussi nos yeux. En revoyant les choses, nous ne les retrouvons plus exactement les mêmes. L'intérêt qu'elles avaient hier ne ressemble point à celui qu'elles ont aujourd'hui. On croit recommencer un voyage, mais l'illusion tombe vite : on est allé dans le même pays, et c'est tout.

J'en ai fait l'expérience. Je reviens d'Italie, ravi comme la première fois, mais pour d'autres raisons, avec une impression très vive, mais différente de l'ancienne. Tout de suite j'ai senti qu'il en serait ainsi. A peine le train qui m'emportait, au sortir du tunnel du Mont-Cenis, dévalait le long des Alpes dont des milliers de crocus violetaient les prés en pente, à peine aperçus les premiers mûriers enlacés de hautes vignes, les premières fermes ayant à leurs balcons des épis de maïs couleur d'or pendus en chapelets, les gaves à demi desséchés qui ne sont guère, même en automne, que des cascades de cailloux blancs, et le soleil clair sur les plaines vastes du Piémont, le doux et fort amour qui m'en était resté tressaillit au dedans de moi. Mais je ne lui appartenais plus tout entier, comme jadis. A la joie de retrouver cette campagne italienne, et les villes dont les toits de tuiles rougissaient par endroits l'horizon, se mêlaient à présent toutes sortes de questions et de désirs nouveaux.

Est-ce donc en pays ennemi que je suis entré? me disais-je. Y sommes-nous détestés comme on l'affirme, et par tout le monde? On prétend que l'état-major de Berlin donne des ordres ou, si l'on veut, des conseils à celui de Rome; mais le peuple aime-t-il les Allemands? Reconnaîtrait-on la pénétration tudesque dans les écoles, dans la langue, dans les habitudes de la vie? Que sont devenues les universités? Florissent-elles? Sont-elles en décadence? Quelle influence avons-nous conservée sur la littérature et l'esprit d'une nation dont il paraît que toutes les baïonnettes sont tournées contre nous? Joue-t-on nos pièces? Lit-on nos livres, et lesquels? Existe-t-il un parti français, comme certains l'ont dit? Où sont les villes qui grandissent et les villes qui meurent? Retrouve-t-on toujours facilement le Piémontais, le Vénitien, le Toscan, le Romain, sous l'uniforme du soldat ou la tenue de l'employé d'État? Et dans ce coin touché par un rayon d'Orient, en quoi consiste l'irrédentisme, quelle importance a-t-il? Quels sont les poètes là-bas, et les meilleurs romanciers?

Je n'ai pas la prétention d'avoir résolu tous ces problèmes, ni même de les avoir tous étudiés. Mais comme ils ont sans cesse habité mon esprit, il serait étonnant que je n'eusse pas rencontré, çà et là, pour quelques-uns du moins, un commencement de réponse. J'ai vu beaucoup d'hommes et de toutes conditions : avocats, ingénieurs, fonctionnaires, grands seigneurs, paysans, journalistes. J'ai causé avec chacun des sujets qu'il pouvait le mieux connaître. La plupart se sont expliqués, sur leur pays ou sur le nôtre, avec une franchise à laquelle je ne m'attendais pas; j'ai trouvé des hommes intelligents et réfléchis, serviables, souvent instruits, qui m'ont laissé, sinon pour tous les Italiens, du moins pour une partie d'entre eux, des sentiments de sympathie qu'en toute franchise je n'avais pas portés chez eux. J'ai pu rencontrer des réticences, mais il y en a de transparentes; des réserves aussi, mais qui pouvaient passer pour de la fierté, et n'avaient rien d'offensant.

Eh bien! parmi les choses qui m'ont été dites ou que j'ai cru deviner, parmi celles que j'ai vues, peut-être s'en rencontrera-t-il qui ne seront pas sans quelque intérêt ou quelque nouveauté. Je le désire du moins, et c'est la raison de ces notes. Elles ont été écrites pour le *Journal des Débats* où, sauf la neuvième et la fin de la douzième, rédigées depuis lors, elles ont toutes paru. J'hésitais d'abord à les éditer. L'accueil qu'on leur a fait m'y détermine. Les voici donc. Je les ai groupées à ma façon, n'en ayant pas d'autre, avec le souci de ne pas désigner les personnes et d'exprimer leurs idées fidèlement. J'espère que les lecteurs français me sauront gré de cette sincérité, et que mes amis d'Italie ne s'en offenseront pas.

A L'AVENTURE

CROQUIS ITALIENS

I

Milan, septembre 1889.

Un domaine seigneurial en Piémont.

J'avais exprimé à un de mes amis le désir de visiter son domaine, une des terres seigneuriales de la Haute-Italie, curieuses à tant de points de vue, que le voyageur, d'ordinaire, se contente de regarder d'un œil distrait, par la portière du wagon, entre deux villes à musées.

L'administrateur, averti par une lettre, était venu me prendre à Milan. Nous partons donc d'assez bon matin, et, au bout d'une heure, sur la route de Milan à Gênes, le train nous arrête à Vigevano, où nous attendait la voiture de l'exploitation. Vigevano est une de ces petites villes italiennes, comme il y en a tant, qui ont un évêché, un reste de commerce traditionnel dont elles vivent tant bien que mal, des rues misérables et ensoleillées, et, au milieu, parmi les toits avançants, aux tuiles à demi ruinées qui se hérissent comme des paquets de plumes rouges, un groupe de monuments anciens, souvent superbes, intéressants toujours, serrés l'un contre l'autre, qui parlent des grands siècles de l'art national. En effet, tout à coup, au détour d'une rue, nous traversons une vaste place entourée d'arcades. Au fond, la cathédrale; à gauche, le château et une tour de Bramante qu'habite aujourd'hui un régiment d'artillerie. C'est aussi beau que cent choses plus connues. Les paysans qui sont venus pour le marché, par groupes aux couleurs vives, paraissent moins soucieux de vendre leurs légumes ou leurs fruits que de jouir du soleil qui monte, rétrécissant l'ombre des portiques.

Nous passons vite. Nous sommes bientôt sur la route qui file, toute grise de poussière, entre des étendues toutes plates, vertes quand ce sont des prés, d'un blond pâle quand ce sont des rizières, découpées en tous sens par des canaux bordés de saules. Et ces couleurs de la campagne, neutres, fondues, sont étonnament harmonieuses sous le bleu léger du ciel.

Mon compagnon est un Piémontais de quarante ans, ingénieur agronome sorti de l'Institut technique supérieur de Milan, très intelligent et très actif. Il m'explique en chemin le merveilleux système d'irrigation du pays; comment, grâce au voile d'eau courante qui les couvre l'hiver, et les empêche de geler, les prairies arrosées, les *marcite*, donnent jusqu'à six et sept coupes d'herbes par an, dont deux ou trois sont mangées vertes et les autres séchées en foin. Dans ce sol fécond, en tout semblable à celui de la plaine lombarde qu'il avoisine, le maïs même donne deux récoltes. Le riz abonde; partout autour de nous, à un demi-mètre en contre-bas, la chaussée est bordée de petits marais quadrillés où il pousse en touffes basses, très serrées, pliant sous le grain mûr.

Pendant que nous allons ainsi, causant d'économie rurale, j'aperçois à droite une villa presque entièrement close. Les clématites, les jasmins, toutes sortes de plantes grimpantes ont envahi les balcons et les persiennes baissées. Une seule porte et une seule fenêtre sont ouvertes. Le jardin, exquis d'ailleurs, abandonné à lui-même, pousse en hautes futaies ses massifs de rosiers.

Je demande à mon guide ce que c'est.

— La maison d'un officier, me dit-il, tombé à Dogali. Pauvre garçon ! A peine arrivé en Afrique depuis deux jours, et le voilà cerné, attaqué, écrasé avec d'autres braves comme lui.

Dans le ton de mon compagnon, je devinais non seulement le chagrin de la perte d'un homme qu'il avait sans doute connu, mais aussi un sentiment d'amertume, la sourde irritation d'un patriote obligé de rappeler le souvenir d'une défaite. Il ne voulut pas me laisser sous l'impression fâcheuse que ce nom pouvait éveiller en moi, et ajouta presque aussitôt :

— Nos officiers se sont battus là comme des héros.

— C'est vrai, lui dis-je, ils ont chèrement vendu leur vie.

— Vous avez vu nos régiments? Comment vous ont-ils semblé?

— Bien équipés et de bonne tenue.

— Nous avons une armée sérieuse, reprit-il assez vivement. Autrefois, d'une province à l'autre, nous nous connaissions à peine, et nous ne nous aimions guère : Piémontais, Vénitiens, Toscans, Romains, Siciliens. L'Italie n'était que dans la tête des étudiants, et maintenant elle est dans la tête de tous. Nous sommes un peuple. C'est l'armée qui a fait cela!

— Il n'est pas douteux, tout au moins, qu'elle y a grandement contribué. Elle est organisée tout exprès. Mais l'aimez-vous?

— Sans doute.

— Je veux dire l'aimez-vous passionnément? Avez-vous dans le sang ce qui fait la bonne humeur du conscrit et la jubilation des bonnes gens assemblés sur les portes pour voir passer le régiment?

Il réfléchit un instant, et répondit :

— Pour être franc, pas autant que vous. Chez vous, c'est du fétichisme. Vous vous mettriez à genoux devant l'armée. Vous ne savez rien de plus beau qu'un soldat. Il n'en est pas de même chez nous. Nous faisons notre temps de service parce qu'il le faut, parce que c'est la loi. Il y en a peu qui vont au delà. Ce qui n'empêche pas que nous avons une armée sérieuse, très sérieuse...

Nous continuons un peu notre route, les chevaux traversent au trot les rues d'un gros bourg, toutes peuplées d'enfants, et bientôt après nous arrivons à la ferme que nous venons visiter, la plus grande du domaine, qui en comprend neuf autres. A elle seule, elle compte six cents hectares. Il faut beaucoup de bras, surtout en Italie, pour cultiver une pareille étendue. Les constructions du *podere* ressemblent à un village. Plus de soixante familles occupées à l'exploitation y sont logées. Au milieu se dresse un vaste quadrilatère de briques, ancien château fort des Sforza. Les murs en sont couverts de losanges blancs et rouges. On dirait un château de cartes. La voiture, pour y pénétrer, traverse un pont jeté sur d'anciens fossés. Les traces du pont-levis féodal sont encore visibles au-dessus de la haute porte cintrée couronnée d'armoiries. A l'intérieur, une grande cour sur laquelle ouvrent des bâtiments de service et les appartements des fermiers. Car ils sont trois frères, tous trois Piémontais, locataires du *podere,* de vrais gentlemen comme les fermiers anglais. Ils possèdent vingt-cinq paires de bœufs, un troupeau de deux cents vaches, de race suisse, qui leur donnent de mille à quatorze cents litres de lait par jour, avec lequel ils fabriquent le parmesan et un fromage frais, vendu surtout en Angleterre et en Allemagne, le *gorgonzola.* En dehors des soixante familles établies sur le sol, ils emploient cinquante journaliers d'un bout de l'année à l'autre. Et même, en temps de récolte, il faut doubler le chiffre : en ce moment, ils ont cent hommes occupés à couper le riz.

Nous rencontrons l'un des fermiers dans son aire. Celui-là est avocat de l'Université de Turin. Il ressemble aux portraits de Victor-Emmanuel, grand, vigoureux, doté de moustaches et de sourcils énormes. Il s'avance vers nous, appuyé sur un bâton d'épine roussie qui m'a paru être un signe de commandement dans tout le domaine. La récolte du riz est superbe. Il en convient volontiers devant l'administrateur, avec ce sourire des paysans à ferme lorsqu'ils parlent d'une moisson abondante, bien abritée derrière un bail contre les convoitises du maître.

— Vous voyez! dit-il en étendant la main autour de lui, d'un geste comme devait en avoir Booz, patriarche aux greniers pleins, voilà le travail de ce matin.

Partout, sur l'aire immense et cimentée, — une surface de plus d'un hectare, — des tas de riz attendent que le soleil soit plus haut dans le ciel; alors on les étendra pour les faire sécher. Le grain est encore humide et enveloppé de son écorce blonde. Il sort de la batteuse hydraulique dont le ronflement ne cesse ni jour ni nuit depuis dix jours déjà. Quand il aura un peu séché, on le jettera aux pilons à décortiquer, mus par ces mêmes courants d'eau qui sont la richesse du pays, et de là dans ce grenier à deux étages, situé dans le prolongement du moulin, déjà rempli jusqu'aux solives. Et sans cesse, le long de la palissade qui limite l'aire en face de nous, passent de grands bœufs au pelage gris tendre, amenant à la batteuse de nouvelles charretées de gerbes.

Nous apercevons leurs attelages tranquilles échelonnés tout le long du chemin qui s'en va dans la plaine, parmi les saules rares. Ils viennent de loin, car toutes les rizières voisines sont coupées, et les moissonneurs travaillent là-bas, dans ces lointains gris où finit le domaine.

— Allez voir mes ouvriers, me dit l'avocat-fermier, ensuite vous me ferez l'honneur d'entrer à la maison. Je ne veux pas que vous quittiez le domaine sans avoir accepté quelque chose de moi.

Nous voici donc, l'administrateur et moi, sur l'étroite chaussée par où rentrent les chariots pleins, entre deux rizières boueuses. Le second frère nous croise : même stature, mêmes moustaches et même bâton que l'autre. Son chien de chasse le suit, et, des touffes serrées du chaume de riz, fait partir des poules d'eau et des râles.

Mon compagnon qui, depuis son entrée dans la ferme, était demeuré à peu près silencieux, me révéla enfin le fond de cette mélancolie subite, et, à peine le fermier passé, se tournant vers moi, me dit :

— Quelle récolte ! Il vendra pour plus de cent mille francs de riz cette année !

— Cent mille francs ! Cela se vend donc bien ?

— C'est la denrée la plus rémunératrice en ce pays et en ce moment-ci. Le blé, l'orge, le seigle ont bien baissé depuis la concurrence étrangère...

— Les bestiaux aussi, sans doute, depuis la rupture des traités de commerce avec la France ?

— Oui, au début, mais les cours ont remonté par suite des maladies qui ont sévi sur le bétail, en Suisse et en Hongrie. Aujourd'hui, — pour combien de temps, je n'en sais rien, — les fermiers n'ont pas trop à se plaindre. Ce sont plutôt les propriétaires qui souffrent.

— Vous avez diminué les fermages ?

— Ils l'ont été, monsieur, d'un tiers ou d'un quart partout, mais le plus souvent d'un tiers.

Et il ajouta, avec un long soupir d'administrateur :

— Ah ! si l'on m'avait cru ! Une ferme que nous louions cent dix mille francs il y a trois ans ! Quel bénéfice nous aurions eu à l'exploiter directement, avec des années de riz pareilles !

Je le laissai m'expliquer son système de culture directe, pour regarder les hommes couper le riz. Ils étaient là cinquante robustes Piémontais, tous vêtus de gris, taillant à coups de faucille dans l'épaisse toison du sol et liant les gerbes d'un tour de main. Rien qu'à les voir, on sentait une race laborieuse et rude à la fatigue. Ils ne se reposaient presque pas. Derrière eux, le chef de l'escouade, appuyé sur un bâton, comme les deux fermiers du *podere*, surveillait les travailleurs, et, d'un mot bref, gravement, relançait ceux qui eussent été tentés de s'écarter de la ligne ou de négliger l'ouvrage. Le soleil de midi chauffait la terre molle, où s'enfonçaient les talons de leurs bottes, et dégageait au-dessus du champ une vapeur tremblotante, qui recèle souvent la fièvre, « de petites fièvres, pas très dangereuses », m'assurait mon guide. Une seconde escouade moissonnait une autre rizière, à deux ou trois cents mètres à gauche.

Tout à coup, sortant de l'abri d'une haie de saules et d'osiers tressés, une jeune fille paraît sur la chaussée, à quelques pas de nous. Elle a les jambes nues jusqu'aux genoux, brunes de soleil, une jupe bordée de rouge, un bras appuyé à la hanche, l'autre levé pour retenir les paquets de riz qu'elle porte sur l'épaule, la tête coiffée d'un foulard rouge, inclinée, à demi cachée par la retombée des épis. Elle passe en montrant ses dents blanches. Une autre la suit, puis trois, quatre, dix, trente jeunes filles du domaine ou des villages voisins, toutes vêtues de même et presque toutes jolies, leurs têtes blondes ou brunes penchées à droite ou à gauche. Elles courent, lourdement chargées, vers la ferme. La route est si poudreuse que leurs pieds soulèvent un nuage de poussière. Une seule est restée en arrière. La corde qui liait ses gerbes s'est rompue. « Pauvre moi ! » s'écrie-t-elle avec un geste dramatique. Le désespoir n'est pas long. En un instant, son expression tragique s'efface.

Elle se baisse, ramasse les paquets dispersés, renoue sa corde, et la voilà qui court pour rattraper les autres. Elles sont déjà loin sur la route amincie par la distance, et comme les champs se pressent autour d'elles, sans haies, sans différence appréciable de niveau, on dirait une bande de coquelicots qui auraient fleuri là depuis notre passage.

— *Spigolatrici*, me dit l'ingénieur.

— J'entends, lui dis-je, des glaneuses. Pauvres filles! elles en portent lourd! Est-ce tout pour elles?

— Non, elles partagent la glane avec le fermier. Encore n'obtiennent-elles la permission de se rendre aux champs que moyennant l'obligation de donner gratuitement leur travail, pendant plusieurs journées, au temps des foins. En dehors de ces cas exceptionnels, elles ne prennent guère part aux travaux de la culture, comme cela se voit en tant d'autres points de l'Italie. Les fermiers du domaine emploient surtout des hommes.

— Combien les paient-ils?

— Cela dépend. Les chefs de famille habitant le domaine reçoivent d'abord le logement, un peu de bois, sept ou huit hectolitres de maïs, sans avoir égard, d'ailleurs, au nombre des enfants, deux hectolitres de riz et environ cent francs d'argent. En outre, ils ont droit à un tiers du rendement des terres ensemencées en maïs, qui sont, à cet effet, divisées entre eux.

— Et vos journaliers?

— Cela dépend encore. Ceux qui sont engagés à long terme touchent une paye en argent, soixante-dix centimes par jour, les autres, ceux que vous venez de voir, loués seulement pour la récolte, reçoivent un salaire en nature et à forfait : deux hectolitres de riz, quelle que soit la durée de la campagne, vingt jours, vingt-cinq jours, suivant l'abondance de la moisson et l'humeur du temps.

— Ce n'est guère payé. Vous n'avez pas de grèves?

— Non, les grèves sont inconnues ici. D'abord, la population est excellente, très sobre, contente de peu. En outre, sans être très rémunérateur, ce salaire suffit à vivre. Il n'en est pas de même dans les provinces de Crémone, de Côme, dans les environs de Milan, où les *braccianti* ne reçoivent pas littéralement de quoi vivre, et sont beaucoup plus travaillés par le socialisme que nos Piémontais. C'est là que se sont produites les grèves agraires dont vous avez vu le récit dans les journaux. Et comme les causes, depuis lors, n'ont pas disparu, je serais étonné que le printemps prochain se passât sans violences nouvelles.

Nous étions, causant ainsi, revenus dans la cour du château.

L'avocat-fermier nous attendait dans son salon, une pièce assez élégamment meublée, avec fauteuils, canapé, tentures aux fenêtres, et même un portrait de famille, celui du père des trois frères, vieux paysan madré, en redingote noire. Il nous fallut boire une chope de bière de Vienne, servie dans des verres taillés de fabrication allemande, puis, nos hommages présentés à l'une des maîtresses du logis, qui travaillait à l'aiguille avec ses filles, dans la salle voisine, nous remontâmes en voiture.

Comme nous traversions de nouveau les cours peuplées d'enfants et bordées de masures qui précèdent la ferme, j'aperçus, au-dessus de la porte de l'une d'elles, évidemment déserte et offrant l'aspect lamentable que prennent les pierres mêmes de nos maisons dès que le foyer s'éteint, l'inscription : *Scuola communale.*

Je demandai à l'ingénieur :

— Vous avez une école communale ici ?

— Nous en avions une : elle est fermée.

— Pourquoi ?

— Les enfants n'y venaient guère. L'hiver, la maîtresse en récoltait encore cinquante ou soixante, surtout les jours de pluie ; mais, sitôt le printemps, dès qu'il faisait bon courir en chemise dans la campagne, allez donc tenir tous ces marmots-là ! Alors, par économie, on a supprimé l'école.

— Qu'est devenue la maîtresse ?

— Elle est allée rejoindre ses collègues du bourg. Cela fait qu'ils sont quatorze aujourd'hui, tant instituteurs qu'institutrices.

— Quatorze !

— Oui, pour une population de six mille âmes.

— Et le printemps, là-bas, doit leur être aussi funeste qu'ici ?

Mon compagnon se prit à rire.

— A peu près, dit-il, mais, que voulez-vous ? Pour les garçons, au moins, il y a un remède : ils apprendront à lire au régiment.

Cela m'ouvrit un petit jour sur l'instruction obligatoire dans les campagnes d'Italie.

Et nous regagnâmes Vigevano.

II

Septembre 1889.

Venise. — La note moderne. — Les réservistes. — Sensations rapides. — Une idylle.

Ceux qui pleurent sur la disparition du pittoresque peuvent encore venir ici. Ils y trouveront quelque consolation. Car les gondoliers rament toujours sur leurs gondoles d'une élégance funèbre; le palais des Doges, au-dessus de ses deux étages ajourés, déploie ses murs de marbre plein, comme un lourd tapis du Levant en équilibre sur une dentelle; les pigeons tant célébrés de la place Saint-Marc, ni moins nombreux, ni plus farouches qu'autrefois, s'élancent et tourbillonnent en nuée grise pour une bouchée de pain que leur jette un enfant; le pont des Soupirs continue à être une chose massive, et les palais princiers, pour être trop souvent loués à la brocante, n'en ont pas moins devant leurs portes des piliers fraîchement peints aux couleurs des vieux maîtres.

Sans doute, il y a plus d'une note toute moderne dans ce paysage romantique. Des bateaux à vapeur traversent d'un bout à l'autre le grand canal, au désespoir des gondoliers, dont l'honorable corporation est tombée de douze cents membres à huit cents; d'autres vont à Mestre et à Chioggia; la nuit, la flamme des becs de gaz tremblote sur les lagunes où nos pères n'avaient vu que des étoiles; à côté du verrier de Murano, homme de tradition, anobli par François Ier et chanté par les poètes, un innovateur hardi, quelque cadet sans vergogne et sans souci de poésie, a planté son enseigne de fabricants d'yeux humains; vous pourrez vous promener longtemps et regarder les femmes du peuple et les femmes du monde sans découvrir le blond de Venise; en revanche, vous avez chance de rencontrer un officier de la marine italienne, en uniforme chamarré d'or, qui vient d'accoster au quai des Esclavons, ou quelque bataillon de territoriaux en cours d'appel, précédés d'une musique dont la fanfare s'assourdit rapidement au détour des ruelles. Et, pour le dire en passant, ces territoriaux ont assez bonne mine, dans un costume qui m'a paru seulement un peu léger pour la saison d'automne.

Tout est en toile grise : les guêtres, le pantalon, la veste, jusqu'au chapeau, de forme melon, orné d'une plume de dinde. Il paraît que cet équipement était primitivement destiné à l'armée d'Afrique. Les essais ne furent pas heureux, et la territoriale hérita des cent mille complets gris et des cent mille plumes de dinde qu'elle porte en ce moment.

Mais ce ne sont là que des détails qui disparaissent dans l'impression d'ensemble. Et celle-ci est incomparable. Venise a gardé le charme qui l'a fait aimer à travers les âges. Je ne parle pas de l'attrait de curiosité, vite épuisé, qui pousse, quatre ou cinq jours durant, la foule banale de touristes de San Giorgio Maggiore à la Madonna dell' Orto, mais bien d'un autre, plus pénétrant et plus intime, qui fait songer : « Comme il ferait bon vivre ici, arrêter sa course et se fixer pour six mois au bord de la Giudecca, parmi les jardins tout petits qu'ombrage un grand figuier, pour y commencer un tableau, pour y finir un livre! »

En vérité, nulle part ailleurs on ne saurait trouver une atmosphère mieux faite pour la pensée. Être enveloppé à la fois de silence et de mouvement, quel rêve de travailleur et de poète qui ne peut se réaliser qu'à Venise! Ici, la vie est partout, débordante et variée; elle est dans les bateaux qui se croisent sur les canaux, dans le fourmillement du peuple le long des rues étroites, dans les pigeons qui volent, dans la mer qui monte et descend sur les fondations effritées des maisons : mais tout cela, les barques, les hommes, les oiseaux, la mer, glisse et ne bruit pas. Il n'y a point de foule, faute d'espace; il n'y a point de vagues, faute de vent, et les rames sont muettes comme des ailes. L'esprit se trouve excité et non troublé. Le moindre son de cloche, perdu d'ordinaire dans la rumeur des grandes villes, prend des proportions d'évènement. Quand les heures sonnent à Saint-Marc, l'eau qui les porte légèrement, comme le reste, les amène jusqu'au bout des lagunes vers le voyageur qui rentre. Dans cette paix profonde, dont l'oreille s'étonne, il semble même que les choses revêtent un aspect nouveau, des allures nouvelles. Les voiles, par exemple, qui sont jaunes, rouges, oranges, violettes, avec des lunes blanches, des croix, les trois clous de la Passion, un chiffre, un lion peints, ont une majesté sans pareille. Elles vont royalement vers le large, toutes droites sur les eaux dormantes, un reflet éclatant derrière elles. On dirait qu'elles emportent un des vieux doges de Véronèse, dont la robe de drap d'or traînerait sur la mer. Et ce ne sont que des pêcheurs qui partent! Oh! oui, j'ai infiniment goûté le recueillement de cette féerie incessante, et j'ai compris ce bonhomme vénitien qui, faisant route avec moi, par hasard, au retour du théâtre, me disait : « Voyez-vous, monsieur, ce n'est pas ici comme dans les autres villes où l'on entend des cris, des voitures qui roulent, des claquements de fouet;

non, nous n'avons jamais besoin d'élever le ton, nous autres, nous parlons *mezza voce*, doucement. Venise est toute douce : qui aime le bruit ne s'y plaira pas, mais pour qui cherche la paix, c'est la première ville du monde. »

Beaucoup de peintres ont subi cette séduction de Venise, et se sont établis là pour un an, pour deux, quelques-uns même pour toujours. Ce sont presque tous des étrangers, américains, anglais ou russes. Ils vivent entre eux, et leurs ateliers s'ouvrent difficilement aux profanes. Les Français, plus accueillants, sont en très grande minorité. J'en pourrais citer cependant, et l'un des plus célèbres parmi nos maîtres de la jeune école venait, m'a-t-on dit, quand j'arrivai à Venise, de quitter la ville après un séjour de plusieurs mois, emportant ses cartons pleins. Sans parler de la lumière ni du paysage, ni des musées, ils ont tant de modèles autour d'eux, dans cette population pauvre et belle ! Les femmes de Chioggia sont renommées pour leur beauté grecque. Celles de Venise le sont aussi pour la finesse de leurs traits et la grâce de leurs mouvements. Et l'on pourrait choisir presque au hasard, parmi ces filles de pêcheurs ou d'artisans qu'on rencontre le matin, tête nue, vêtues de châles traînants et de robes claires, trottant le long de la Merceria, ou arrêtées devant une boutique de *frutti di mare*, et déjeunant de trois petits poulpes cuits, qu'elles croquent en deux bouchées, du bout de leurs dents blanches.

Il me semble aussi que les écrivains devraient trouver un bien curieux champ d'expérience dans le monde cosmopolite de Venise. Que sont venus faire ici les Allemands, les Slaves, les Anglais, les Grecs enrichis dans le commerce du corail, qui ont acheté les palais de l'ancienne noblesse ou les louent par étages? Venise n'est pas une ville de plaisir au sens commun du mot. On peut y passer par caprice, mais non pas y demeurer. A côté des artistes attirés par les raisons que je disais tout à l'heure, il y a là sûrement, dans ce coin qui tient à peine à la terre, et dont l'éloignement leur a plu, beaucoup de réfugiés de la vie. On devine autour de soi, à des signes légers, mais certains, des misères d'argent ou de cœur, des tristesses ou peut-être des bonheurs qui se cachent. Le roman est comme répandu dans l'air. On l'y respire. On se demande malgré soi quelles intrigues se nouent ou se dénouent derrière ces murailles de marbre qui ont vu trop de drames pour en avoir tout à fait perdu l'habitude, ou dans ces fêtes sur l'eau, continuelles en été, qui groupent tant de gondoles au même point, et les tiennent si bien serrées bord à bord, parfois des heures entières, que l'année dernière un marinier, vainqueur aux régates, a pu traverser tout le grand canal en sautant de l'une à l'autre. Quelles conversations s'échangent là, par les petites fenêtres aux glaces abaissées? Quelle physionomie peuvent avoir nos costumes, nos idées, nos mœurs d'aujourd'hui dans le cadre bâti pour les patriciens des vieux siècles, dans ces immenses salons en enfilade, décorés de cuir de Cordoue et d'ornements de stuc, parmi les meubles disparates de tous les âges et de tous les pays, depuis l'estrade monumentale élevée au milieu d'une salle de bal, jusqu'aux lampes japonaises et aux tapis du Bon-Marché? En quoi un si étrange milieu influe-t-il sur la comédie qui s'y joue?

Cette atmosphère est si pénétrante que, même au loin, je me sens encore enveloppé par elle, et tenté de raconter une idylle dont je fus témoin à Venise. Je sais bien qu'en le faisant je sortirai de mon programme, mais en ne le faisant pas, je sortirais de la vérité. Je n'ai su trouver à Venise que de la lumière et de la douceur de vivre. Pourquoi parlerais-je d'autre chose ? Si je me suis renseigné sur son commerce et ses manufactures, ce n'est ni en ce moment-là, ni chez elle. Je n'avais l'esprit qu'à sa beauté merveilleuse. La prochaine fois nous traiterons d'autres sujets. Aujourd'hui, nous dirons un conte. J'espère qu'on me pardonnera. Et puis, allez vous-mêmes là-bas, et tâchez d'échapper à la chanson de ces petits frissons de la mer qui viennent, avec une étincelle à leur sommet, se briser le long des vieux marbres !

Une dame anglaise et sa fille vivaient donc, depuis quelques mois, dans un des grands hôtels du quai des Esclavons. La mère, tout le monde l'a rencontrée : elle s'appelle, si vous le voulez, mistress L. P. Q. R. Stewart, sur la liste des étrangers. Elle n'a point de domicile, et, comme l'hirondelle avec laquelle on ne saurait lui trouver d'autre point de ressemblance, elle monte au Nord quand il fait chaud, et descend vers le Sud quand il fait froid. Elle est grande, maigre, ridée, merveilleusement renseignée sur les pensions pas trop chères et néanmoins confortables, habile à choisir sa chambre, sa place à table et celle de sa malle sur les bateaux; les ondes de cheveux qu'elle se plaque au-dessus des sourcils ont la double invraisemblance de l'uniformité blonde et de l'abondance juvénile; ce n'est pas qu'elle prétende faire illusion à personne, mais c'est l'étiquette anglaise qui le veut ainsi; pour la même raison, elle se plaint amèrement du thé qu'on lui fait boire en France, en Autriche, et paraît contente du reste : bonne femme au fond, à qui ne manquent, pour être charitable, qu'un domicile où elle se poserait et le temps d'apercevoir des misères autour d'elle.

Cette fois, sa fille est charmante. Ceux qui donnent vingt ans à miss Maud peuvent se tromper, mais je ne crois pas qu'elle en ait vingt-cinq. Elle est très gracieuse et très blonde, d'un type calme et de teint blanc comme une Hollandaise. Ses yeux bleus, d'une douceur un peu distraite et voilée, ont l'air de dire: « Que ce serait bon de regarder la même chose une heure de suite ! » N'en concluez pas qu'elle soit triste : son sourire, au contraire, est très jeune. Quand elle descend le soir, au salon de lecture, un rang de perles dans les cheveux, tous les journaux s'abaissent, et les têtes se relèvent. Elle s'en tire délicatement, en causant avec des enfants s'il y en a, avec sa mère, s'il n'y en a pas.

Or, un jour que l'absence de l'illustrissime comte commandeur Sambutella et de ses trois filles avaient fait une trouée à la table d'hôte, en face de miss Maud, un voyageur, arrivé de Rome, peu d'instants auparavant, s'assit à l'une de ces places vides. C'était un jeune Allemand de la Basse-Autriche, mince, myope, la barbe en pointe et très pâle de visage. La longueur de la route l'avait peut-être énervé. Il semblait en proie à une surexcitation qu'il s'efforçait vainement de maîtriser. Ses mains fines tremblaient en levant son verre. Le premier service passé, il refusa tout le reste, et se mit à considérer les convives rangés autour de la salle. Ses yeux s'arrêtèrent naturellement sur miss Maud. Il était sans doute désolé de ne pas savoir l'anglais lorsque, tout à coup, deux ou trois phrases échangées en français, entre la jeune fille et sa mère, furent une révélation et une occasion pour lui. Il en profita immédiatement. La conversation, d'abord extrêmement banale, sur l'Italie, Rome, les voyages en général, prit rapidement une allure plus personnelle et plus vive, beaucoup moins par le fait des deux Anglaises, réservées, légèrement en garde, que par suite des dispositions d'esprit de l'Allemand, dominé ce soir-là et lancé par ses nerfs.

Vers la fin du dîner, miss Maud lui dit en riant :

— Mais enfin, monsieur, vous me dites que vous êtes riche, étudiant pour la forme et presque seul dans le monde; que vous n'êtes ni musicien, ni peintre, ni archéologue; que les musées sont pour vous d'un intérêt secondaire, et que vous n'entrez jamais dans une bibliothèque : alors, comme le désœuvrement n'est pas une raison, je me demande pourquoi vous voyagez, en vérité ? Quel profit pouvez-vous en retirer ? Et quelle douceur y trouvez-vous ?

— Une très grande, mademoiselle. La vie, à elle seule, est une impression qui vaut la peine d'être cherchée, la vie sous toutes ses formes, les anciennes qu'on connaissait, d'autres qui se révèlent. Le simple défilé des hommes que j'effleure m'intéresse à un point que vous ne sauriez croire. J'ai l'intuition rapide de leur humeur et de la passion qui les tient. Des mots saisis à la volée m'indiquent une situation. Il y a dans une foule de quoi rêver des jours entiers. Je sais que tout cela s'efface vite. Pourtant, certaines de ces rencontres d'inconnus me laissent un souvenir très doux, un peu triste, et que j'emporte comme d'autres une note ou un croquis de carnet. Oh! c'est un charme très court, mais dont la mélancolie dure ensuite. Il s'est trouvé sur mon passage des hommes, des femmes, que le hasard a rapprochés de moi pour une heure, pour moins peut-être, et en qui j'ai deviné des sympathies qui naîtraient volontiers, des âmes voisines de la mienne. Le monde s'est peuplé derrière moi d'amis entrevus et perdus. Je vous citerais les heures où ces bonnes fortunes me sont advenues, le point précis où ces apparitions, ces yeux pleins de pensée ou de sourire se sont évanouis au détour d'une rue. Je leur ai envoyé un salut qu'ils n'ont pas compris. Les quitter m'a donné l'émotion d'un adieu. Ils continueront de m'ignorer, je ne les reverrai plus, et cependant, mademoiselle, je voyagerais bien pour le seul plaisir d'ajouter une unité à la collection de figures séduisantes dont mon cœur s'est chargé en courant.

Il s'arrêta de parler, saisi d'un frisson plus violent; son regard fixa miss Maud avec une expression d'angoisse, et, se renversant sur le dossier de la chaise, il dit à demi-voix :

— Je me sens mal, miss Maud, très mal...

Le pauvre garçon paraissait, en effet, à demi défailli. Le facchino de l'hôtel, au milieu des chuchotements des convives, un instant troublés dans leur dessert, l'emporta comme un enfant.

Un quart d'heure après, mistress Stewart, très émue de l'incident, se trouvait dans le vestibule, et piquait son épingle de chapeau avant d'aller, selon sa coutume, faire le tour de la place Saint-Marc, lorsque l'hôtelier s'approcha d'elle, visiblement embarrassé.

— Madame, dit-il, ce jeune homme qui vient d'arriver est pris de délire, je suppose... Il vous appelle, et demande en grâce que vous montiez près de lui.

Le premier mouvement de stupeur passa vite. Mistress Stewart fit signe à sa fille de rentrer au salon, et monta.

Quand le malade l'aperçut, il se redressa à moitié dans son lit.

— Je vous en conjure, madame, dit-il, ne me laissez pas entre les mains de ces gens d'hôtel... Vous avez l'air très bonne, et c'est pour cela que je m'adresse à vous... Je ne sais pas ce que j'ai, mais je me sens très mal, je peux mourir... Par pitié, ne m'abandonnez pas, soignez-moi, occupez-vous de moi... C'est si affreux, loin de son pays, loin de tout... Vous paraissez si bonne, madame...

Mistress Stewart veilla donc. Elle se constitua garde-malade avec un dévouement très touchant. On ne la rencontrait plus qu'à de rares intervalles, dans les escaliers de l'hôtel, très affairée, son chapeau à plumes vertes posé de travers, courant chez le médecin pour demander un supplément d'ordonnance, ou chez le pharmacien pour presser l'envoi d'un remède. La promenade était abandonnée. Le soin de cet étranger qui avait deviné son bon cœur, qui l'avait appelée et attendrie, l'occupait seul. D'ailleurs, le cas était exceptionnellement grave. Le malade délirait presque continuellement, puis venaient des périodes d'abattement que rompait bientôt la montée de la fièvre. Au bout de trois jours, il sembla désespéré.

Miss Maud entrait quelquefois dans la chambre pour prendre des nouvelles ou pour chercher sa mère et l'emmener, presque de force, pendant un quart d'heure, sur les quais voisins : si loin de l'Angleterre et si près de la mort, la pudeur britannique se taisait devant la pitié.

Le quatrième jour, de très grand matin, la jeune fille, appelée par sa mère, était venue et veillait, retirée près de la fenêtre, tandis que mistress Stewart, assise à côté d'elle, dormait, épuisée de fatigue, dans un fauteuil.

Vers l'aube, le malade s'éveilla, aperçut miss Maud, et lui demanda, de cette voix blanche des êtres qui s'en vont, et que la souffrance diminue jusqu'à les faire redevenir enfants :

— Écrivez-lui, voulez-vous... Dites-lui qu'elle vienne tout de suite, tout de suite...

Miss Maud se leva silencieusement, pour ne pas contrarier ce désir du malade, le dernier peut-être qu'il aurait. Elle s'approcha de la table du milieu, écrivit rapidement quelques lignes, plia la lettre, et la mit sous enveloppe. Alors, un peu timidement, elle dit :

— Quel nom faut-il mettre sur l'adresse? A qui demandez-vous de venir?

Il la regarda avec l'expression égarée de ceux qui rêvent, et prononça un nom de femme qui n'était ni celui de sa mère ni celui de sa sœur.

Miss Maud rougit. Un soupçon l'avait saisie. D'un mouvement d'indignation, elle jeta le porte-plume sur le bec de l'encrier, et elle allait s'écarter de la table, quand elle vit que le malade s'était retourné, confiant en elle, assuré de l'exécution de ce désir suprême, peut-être dicté par le délire.

Elle reprit la plume, et, d'une main nerveuse, écrivit l'adresse. Puis elle sortit sans bruit, emportant la lettre.

Les beaux yeux de miss Maud étaient pleins de larmes...

Deux jours plus tard, les deux Anglaises quittaient Venise. Le docteur venait de déclarer que son client s'en tirerait. Le rôle de mistress Stewart était fini. Elle continuait sa vie errante.

Le malade se remit, en effet, très promptement. Nous le vîmes descendre bientôt, et se promener, encore très faible, sur les quais voisins. Ce qui m'étonna seulement, ce fut sa persistance à choisir les mêmes heures et le même but de promenade. Chaque matin, il traversait le pont de la Paille, longeait la mer, et, au delà de la Piazzetta, s'asseyait sur le même banc de marbre, près du jardin royal. L'arrivée des paquebots qui viennent jeter l'ancre à la pointe *della Salute* l'intéressait particulièrement. Il en suivait les moindres détails avec une jumelle marine, étudiait les groupes de voyageurs dans le trajet du navire à la terre, puis, le dernier passager débarqué, rentrait à l'hôtel, en proie à une mélancolie qui paraissait grandir à chaque fois, tandis que, d'ordinaire, la poussée des forces renaissantes donne aux convalescents la sensation joyeuse et profonde de la vie.

Un samedi, il se tenait à son poste habituel d'observation, et considérait un vapeur du Lloyd, autour duquel la mer était noire de barques, lorsque, tout à coup, il se leva et rentra en toute hâte vers l'hôtel. Quand il arriva au quai des Esclavons, deux femmes venaient d'y aborder.

C'étaient mistress Stewart et sa fille, qui n'avaient fait, paraît-il, qu'une excursion hors de Venise.

Il s'avança vers elles, beaucoup plus ému que la simple reconnaissance ne l'exigeait. Mistress Stewart l'accueillit avec de grands éclats de voix. Elle le revoyait debout, elle s'attribuait, à juste titre, une part dans la guérison, et jouissait pleinement des effusions de remerciements auxquelles se livrait le jeune homme. Quant à miss Maud, enveloppée dans son cache-poussière piqué d'une rose, charmante de jeunesse et de mélancolie dédaigneuse, elle répondit d'une simple inclination de tête au bonjour qu'il lui adressait. Ses yeux cherchèrent, aux fenêtres de l'hôtel, une silhouette qu'elle avait peur d'y voir. Et comme il l'accompagnait sans plus trouver un mot, elle lui dit à demi-voix, près de la porte, tandis que sa mère passait devant :

— Elle est venue, sans doute ?

Ce fut au tour du jeune homme de rougir. Tout le sang de ses veines lui monta au visage.

— Non, mademoiselle, répondit-il, elle n'est pas venue... heureusement...

Ce qui se passa ensuite, je l'ignore.

Tout ce que sais, c'est que, bien peu de jours après, je revenais du Lido avec mon gondolier Bartolomeo. Il faisait un de ces temps de printemps qui s'égarent souvent dans l'automne, tiède, d'une douceur mortelle. Le soleil était voilé d'une brume qu'on sentait prête à céder.

Je regardais derrière moi les jaunes infiniment nuancés de la lagune sous cette averse d'or, et la bande violette du Lido bordant l'horizon. Je pensais aux champs d'avoine de

mon pays, quand il y a des nielles au bout des
sillons. Bartolomeo, qui ramait lestement, souleva son bonnet de laine. Je me détournai :
à quelques mètres, filant vers la haute mer,
une gondole croisait la mienne. Sur les coussins du fond, je reconnus miss Maud et le
jeune Allemand. Ils se donnaient la main, et
ne contemplaient point le paysage. Sur un des
sièges de côté mistress Stewart se tenait, rigide, les yeux dans le vague.

III

De Venise à Trieste la nuit. — Trieste et ses deux rivales. — La mêlée des races. — Pour une photographie. — La dernière conquête des Slaves.

La plupart des voyageurs français qui passent à Venise ne vont pas à Trieste, et ceux qui s'y rendent n'y vont pas par mer.

Les uns et les autres me semblent avoir tort.

D'abord, Trieste est une sorte de complément de Venise, sa rivale dans le passé et dans le présent, la ville d'en face, très différente d'aspect, mais embellie du même rayon d'Orient qui éclaire tout ce fond de l'Adriatique, proche voisine, en outre, des montagnes du

Karts, de Miramar, des grottes d'Adelsberg, des ruines de Pola. Ne serait-ce que pour avoir le plaisir de mieux aimer Venise, il est bon de connaître l'autre. Et l'excursion est si facile! Elle demande si peu de temps! Sort-on même d'Italie pour la faire? Certaines gens vous diront que non, et que Trieste fait partie de l'*Italia irredenta,* de l'Italie captive et soupirante.

Quant au mode de locomotion, j'avoue que j'ai un faible pour les navigations le long des côtes, lors même qu'elles ont lieu, comme ici, la nuit. C'est une question de tempérament. Le mien me conduisait aux bureaux du Lloyd, et j'y prenais mon billet pour le soir.

Voici maintenant la nuit venue. Dès dix heures et demie, la plupart des passagers sont montés à bord du vapeur, ancré à la pointe *della Salute,* au delà de l'entrée du grand canal. L'immense ville dort autour de nous dans l'ombre où s'enfoncent les lignes de réverbères, comme des fusées lointaines qui dureraient. Du bateau à la Piazzetta, l'eau est rayée de lames d'or, très nettes, par le reflet des becs de gaz. Les rares gondoles qui passent encore, n'apparaissent que par fragments, dans ces bandes de lumière. Au delà, le groupe de palais et de places qui enveloppent Saint-Marc se détache, vivement éclairé, sur le bleu profond du ciel. Tout le reste est sombre. Il n'y a d'autre bruit que celui de la chaîne qui roule sur le pont du navire, et un petit clapotement d'eau très léger, — le murmure des feuilles d'ici, — un peu partout, le long des quais, aux pointes des îles.

Onze heures sonnent : un coup de sifflet qui réveille les courlis jusqu'à Murano, et les roues se mettent à battre lentement la mer. Nous inclinons à droite, par la route que prennent les pêcheurs pour gagner le large. Venise nous apparaît par le travers, toute scintillante de feux. C'est un dessin fantastique, un assemblage de lignes droites et courbes, de nœuds, de couronnes autour des îlots détachés, de perles égrenées çà et là, dont rêverait un joaillier. Il se resserre et se réduit à mesure que nous nous éloignons. Bientôt, une pointe de terre basse nous le cache. Mais il reste une lueur rose, comme une aurore, au-dessus des côtes vaseuses, une aurore qui persiste plus d'une heure, et que j'aperçois encore quand nous sommes déjà en pleine Adriatique. Un peu de brume s'est élevée. De grandes barques aux ailes pointues glissent à la proue, à la poupe, sans un feu à bord. J'ai beau fouiller l'horizon, je n'aperçois pas un phare. La boussole indique seule la route. Et je songe avec attendrissement, pour la première fois de ma vie, à l'administration des ponts et chaussées de notre France.

Au petit jour, nous sommes à Trieste.

C'est une très belle ville, dans une situation admirable. Pressée d'abord le long de ses quais, en larges masses blanches, très moderne et comme neuve, avec ses hautes maisons peintes, ses rues pavées de dalles, ses quartiers commerçants d'une opulence et d'une propreté rares, elle s'étage ensuite sur les premières assises des montagnes qui ferment la mer, espaçant ses habitations dans la verdure des vignes et des oliviers, jusqu'à cette région dénudée et pierreuse où le froid saisirait l'Italien frileux. Beaucoup de ports d'Orient sont bâtis de la sorte, en amphithéâtre, autour d'une anse bleue.

Celui-ci est, d'ailleurs, très levantin de mœurs et de couleur. Toutes les Échelles du Levant y sont représentées. La poupe des tartanes y porte des noms qui ont un miroitement de soleil et de sequins : Constantinople, Salonique, Smyrne, Corfou, Scutari, Syra. Des patrons de barques se promènent sur les jetées, portant la veste bleue et les longues moustaches des brigands barbaresques. Beaucoup d'inscriptions sont en grec ou en turc, au-dessus des cabarets et des boutiques de voiliers. Il y a près des fontaines des auges de pierre, pour abreuver les bœufs qui, le plus souvent, remplacent ici les chevaux. On les rencontre partout, ces petits bœufs jaunes, attelés entre des brancards, quelquefois deux ensemble et conduits en tandem, traînant des chariots étroits. Ils sont une des curiosités du port. Vers midi, on peut les voir, autour d'un square, près de la gare, dételés et couchés à côté de leurs chariots, comme des bêtes de caravane, le mufle tendu vers l'ombre des rues, endormis pêle-mêle avec leurs conducteurs.

Avec cela, beaucoup d'animation. A chaque

instant, de grands vapeurs entrent ou sortent. Trieste est le port d'attache de la flotte du Lloyd. Mais, de plus, les navires de la Société Rubattino, de la Compagnie péninsulaire, de la Poulia, de la ligne Cunard et de l'Ancor-line, ceux de plusieurs Compagnies de navigation allemandes y font escale. On a l'impression d'un commerce considérable qui se fait là avec le monde entier, et la première pensée qui vous saisit, quand on arrive de Venise, c'est que la belle et pauvre ville de Saint-Marc est à jamais déchue, vaincue par Trieste, condamnée à mourir dans la splendeur de son décor d'opéra, prisonnière de ses lagunes que la mer comble lentement.

Renseignements pris, il n'en est rien. Avec son air de nonchalance, l'immense développement de ses eaux, où les navires paraissent toujours rares, Venise est encore une commerçante active. On a pu la croire perdue un moment, mais elle s'est relevée. Elle grandit tous les jours. Tombée à moins de cent mille habitants sous la domination autrichienne, elle en possède aujourd'hui cent cinquante mille. Quelques industries nouvelles paraissent devoir s'y acclimater. A côté de ses verreries autrefois célèbres, encore occupées, de sa fabrication de dentelles dont l'Exposition dernière attestait l'essor et l'éclat renaissant, deux grandes usines de date récente, l'une de coton, l'autre de wagons, emploient de nombreux ouvriers. Ils viennent, amenés par un courant d'émigration constant, de la Lombardie surtout, et, mêlés à ses marins, à ses gondoliers, à ses marchands de fruits et de poissons, lui font une population ouvrière considérable. On assure que, de ce chef seulement, elle a gagné, l'année dernière, de quatre à cinq mille âmes.

Trieste, au contraire, un instant très puissante, verrait en ce moment sa fortune décroître. Ces alternatives de grandeur et de décadence sont dans la destinée des villes. Les villes, comme les dynasties, se passent le sceptre l'une à l'autre. Les raisons de leur chute ne sont pas toujours claires. Mais sait-on l'une des principales, pour Trieste? L'indifférence de l'Autriche. Cela semble invraisemblable. Il serait si simple, quand on a si peu de fenêtres sur la mer, de les ouvrir toutes grandes. Eh bien! non. Examinez une carte des chemins de fer autrichiens; vous y verrez que, tandis que Venise est reliée à la France, à la Suisse, à l'Allemagne, par un réseau de lignes ferrées très nombreuses, Trieste ne se trouve en communication directe avec aucune grande ville. Les tracés, évidemment, n'ont pas été faits pour elle. Ils comportent trop d'angles, trop de courbes, trop de détours. Même en tenant compte des difficultés d'un terrain qui n'est qu'un massif de montagnes, le défaut saute aux yeux. Pour atteindre Vienne, il faut suivre une route en lacets qui double à peu près la distance. De même, pour joindre Munich. Il y a bien un projet qui rattache le grand port autrichien à Salzbourg, en ligne presque droite. Mais il est si vieux qu'on commence à n'y plus croire. Le commerce de Trieste en pâtit, Venise en profite et Fiume aussi, très protégée par le gouvernement hongrois, un peu moins enfoncée que ses deux rivales dans l'Adriatique, et qui pourrait bien être un jour la plus heureuse des trois.

Voilà, du moins, ce que l'on m'a raconté.

La cause, je ne dirai pas de cette défaveur, de cette insouciance de l'Autriche, se rattacherait aux questions de races qui agitent toute la monarchie. Jamais les relations n'ont été bien cordiales entre les hauts fonctionnaires allemands et cette petite province où domine l'élément latin. Car la population de Trieste est en grande majorité italienne. On y compte, sur cent cinquante mille habitants, environ quatre-vingt mille Italiens d'origine, sujets de François-Joseph; quinze mille Italiens établis, sujets du roi Humbert; cinq ou six mille Allemands : le reste est slave.

Naturellement, ces trois éléments se font la guerre, et une guerre acharnée.

Les Italiens ont une influence prépondérante. Ils forment, avec quelques Allemands, l'aristocratie commerciale et intellectuelle, ou, pour me servir d'un mot qui avait cours en France du temps de Napoléon Ier, les états supérieurs de la société triestine. Leur langue est la langue officielle. Par la force du nombre, ils sont maîtres de la municipalité, position d'autant plus importante que le Conseil municipal de Trieste sert en même temps de Diète pour le territoire et pour la ville. La ville nomme quarante-huit députés qu'elle choisit toujours de race italienne, les uns, fauteurs d'une opposition très vive, les progressistes; les autres, les conservateurs, plus dévoués à l'Autriche. Le territoire en nomme six. D'habitude, c'était la part réservée aux Slaves. Mais, aux dernières élections, les Italiens ont réussi à faire passer deux candidats dans les circonscriptions rurales, en sorte qu'aujourd'hui, sur une assemblée de cinquante-quatre membres, ils comptent cinquante des leurs, contre quatre Slaves, et pas un Allemand. Une conséquence naturelle d'un pareil état de choses, c'est qu'ils ont la haute main sur les écoles primaires. Ils y placent des instituteurs de leur choix, et je n'ai pas besoin de dire qu'ils ne vont pas les chercher parmi leurs rivaux. De ce côté encore, ils sont tout-puissants, et, bien que le gouvernement autrichien se réserve l'inspection des écoles, le visa des livres, le contrôle des études, l'esprit italien n'en domine pas moins dans l'éducation donnée à la jeunesse triestine.

L'Empire a, jusqu'à présent, respecté cette grande liberté communale.

Ses représentants naturels, les Allemands,

malheureux dans les élections, occupent, en revanche, une partie des fonctions publiques. L'autorité officielle dont ils disposent compense la faiblesse de leur effectif. Ils en usent assez rudement contre les journalistes convaincus d'irrédentisme ou les Sociétés de gymnastique dont le but ne leur paraît pas suffisamment établi. Entre deux races qui leur sont toutes deux hostiles, et qui se jalousent mutuellement, leur position est la plus difficile du monde : s'ils sévissent contre l'une, elle crie; s'ils lui font une avance, c'est l'autre qui proteste, et, finalement, personne ne désarme.

On n'a pas idée, en France, de cette antipathie de races, qui se manifeste jusque dans les menus faits de la vie quotidienne. Ainsi, j'avais remarqué, à l'étalage d'une boutique, une photographie de paysanne de l'Istrie, en costume de fête. J'entre, et je demande à l'acheter. Le marchand était Allemand. Il me montre d'abord des photographies d'Allemandes et d'Italiennes : « Non, lui dis-je, pas celles-là, une Slave avec un châle à fleurs croisé sur la poitrine, la chemise ouverte au-dessous du poignet, une ceinture de ruban et un grand bonnet blanc qui retombe... » Au mot de Slave, il avait froncé le sourcil. « Vous aimez donc les Slaves, monsieur? me dit-il. Vous ne les connaissez pas. Jolie race, en vérité! Je vais vous les faire voir, les Slaves! » Et il alla chercher, dans un coin, une collection des types les plus affreux qu'il avait pu photographier : des têtes à double et triple nez, des mâchoires monstrueuses, des décrépitudes invraisemblables, des trognes immondes. « Voilà les Slaves, ajouta-t-il triomphalement: les trouvez-vous jolis? »

Jusqu'à ces dernières années, cependant, les Slaves portaient peu ombrage à leurs rivaux. Ils ne passaient pas inaperçus, mais on affectait de les mépriser. C'étaient de si pauvres hères! des manœuvres, des chaudronniers, des cabaretiers, des revendeurs, des gens de rien. Et depuis si longtemps Trieste est habituée à leur lente et silencieuse émigration vers les bords de l'Adriatique! Ils arrivent des provinces voisines, de la Carniole, de la Slavonie, des Confins militaires, poussés par la misère, attirés par le bleu, par l'appât d'un pays plus riche et plus chaud, ou plutôt entraînés par cet instinct qui suscite et dirige les mouvements inconscients des races, comme il fait grandir dans la mer le dépôt lent des coraux. C'est un ouvrier avec toute sa fortune au bout d'un bâton, une famille de cultivateurs dans un mauvais chariot que tire un âne. Le premier entre en ville, et se perd dans la foule. Les paysans s'arrêtent sur quelque pente des montagnes; ils y trouvent une ferme, une closerie, une cabane où s'établir : au besoin, ils s'en construisent une. D'autres surviennent qui font de même. Et la marée grandit. La langue slave se propage. Aujourd'hui, c'est l'idiome dominant dans toutes les campagnes autour de Trieste.

Puis, un phénomène nécessaire se produit : quand un nombre considérable de petites gens sont groupés en un même point, fatalement quelques-uns montent sur les épaules des autres, et s'élèvent. Il se forme une aristocratie, des chefs, et la masse, jusqu'alors confuse, s'organise. On l'a bien vu à Trieste. A la longue, et grâce, en partie, au clergé catholique qui s'est dévoué à instruire gratuitement une élite de jeunes gens de cette race dédaignée, quelques individus sont sortis des rangs inférieurs où ils étaient nés. Ils ont pris place dans la bourgeoisie, en devenant avocats ou médecins, tout comme des Italiens ou des Allemands. Dès lors, la nation a trouvé des chefs et des voix pour se faire entendre, elle a pris confiance, elle a eu ses représentants dans les assemblées. Deux journaux se sont fondés pour défendre ses intérêts régionaux, le *Nasa Slaga* et l'*Edinost*. Elle a conquis une importance politique, encore très combattue, mais qui semble destinée à grandir dans les cercles voisins, et à Trieste même.

Des incidents tout récents viennent de ranimer la question et de jeter un jour assez vif sur les progrès de la race slave dans les contrées riveraines de l'Adriatique. A la dernière tenue de la Diète d'Istrie, le représentant du gouvernement, après avoir salué les députés en langue italienne, comme d'habitude, a, pour la première fois, répété en langue slave ses souhaits de bienvenue. Le même fait s'est reproduit à la Diète de Goritz. Ça été un scandale. Pendant huit jours, les journaux, surtout les italiens, en ont parlé sur tous les tons de l'ironie ou de la colère, et l'on a vu reparaître les clichés habituels sur « la guerre à la langue italienne », « les vexations autrichiennes », et « les procédés de notre chère alliée ».

En résumé, Trieste appartient donc à trois races : les Italiens, qui sont maîtres de la municipalité ; les Allemands, qui sont maîtres du gouvernement ; les Slaves, qui ne sont plus un élément négligeable, et qu'on commence à craindre, en continuant de les détester.

C'est là un premier point qu'il ne faut pas oublier lorsqu'on parle de l'irrédentisme, dont je dirai tout simplement ce qu'on m'a dit.

IV

Sur la route d'Adelsberg. — Un compartiment de troisième. — Opinions d'un musicien italien et de deux vélocipédistes hongrois. — L'irrédentisme. — La démonstration du vendredi.

J'étais parti de Trieste en chemin de fer pour faire une excursion aux grottes de stalactites d'Adelsberg, et j'avais pris un billet de troisième, afin d'étudier de plus près ce peuple mêlé qui m'entourait, et de l'entendre, s'il se pouvait, parler de nous.

Le hasard me servit bien.

Dans le wagon se trouvaient, au départ, un voyageur de commerce allemand, deux jeunes vélocipédistes hongrois, retour de l'Exposition, un violoniste italien avec sa femme, et une bande de Slaves formant un groupe serré sur les banquettes du compartiment voisin, séparé du nôtre par une cloison basse.

Les Italiens, jeunes tous deux, s'en allaient à Fiume. Lui, grave, l'œil jaloux, très élégamment vêtu d'une jaquette à revers de soie; elle, en petite robe grise, négligée, ses cheveux superbes blond cendré noués à la diable, très rieuse. Dès que le train fut en marche, ils se levèrent, s'appuyèrent à l'une des portières qu'ils masquèrent complètement, et s'y tinrent, chacun serrant la taille de l'autre, engagés dans une conversation amoureuse où ils paraissaient se complaire beaucoup, et dont nous n'avions qu'une vague musique en *o* et en *a, mio caro, mia cara.* Ces apartés sont tout à fait dans les traditions du peuple et de la classe moyenne. Nul ne s'en choque, en Italie. Quand on s'aime, n'est-ce pas, c'est pour se le dire. Ils me rappelaient le portrait d'Andréa del Sarto par lui-même, au palais Pitti. Le peintre s'est peint avec sa femme. Il a le bras passé sur le cou de madame, il la regarde, elle nous regarde, il est brun, elle est blonde : et tous deux paraissent enchantés de passer pour un bon ménage aux yeux de la postérité. Le temps a changé, mais pas les mœurs.

Ce quart d'heure d'expansion terminé, nos voisins voulurent bien nous rendre la vue de la montagne. La jeune femme refit le nœud de cravate de son mari, compromis par ces effusions conjugales, et s'assit dans un coin. Lui prit place à côté de moi, en face de l'Allemand et des deux Hongrois.

La conversation s'engagea aussitôt.

— Vous êtes Allemand? dit-il au commerçant, son vis-à-vis.

La figure pleine et rose de celui-ci s'épanouit.

— Allemand, oui, répondit-il, mais pas Prussien : Bavarois.

— *Bavarese*, répliqua l'Italien, *Bavarese*, je comprends. Puisque vous voyagez, vous avez dû voir l'Exposition ?

— Non.

Les deux Hongrois déclarèrent qu'ils en revenaient. Et le musicien demanda:

— Est-ce que cela vaut vraiment quelque chose ?

Un des jeunes gens se lança immédiatement dans un récit très animé, accentué de gestes expressifs. Je n'aurais pu le suivre, sans la jeune femme italienne qui traduisait à son mari, moins fort qu'elle en langue allemande, les passages difficiles. Le Hongrois parla de tout, de l'Exposition, qui n'était vraiment pas trop mal, de l'armée, de la flotte, — où l'avait-il vue? — de l'administration, de la police, des femmes françaises, dont il dit qu'elles s'habillaient fort bien, des restaurants et de la tour Eiffel. Non, tout n'était pas à dédaigner en France. Mais ce peuple de Paris était d'une badauderie, d'une indiscrétion! « Figurez-vous, disait le narrateur, que je ne pouvais m'asseoir devant un café, m'arrêter dans une rue, me promener au foyer d'un théâtre, sans qu'on vînt me regarder comme une bête curieuse, examiner mes vêtements, essayer de lire l'inscription de ma toque! Ils sont d'une impertinence rare et insupportable. »

Franchement il y avait de quoi attrouper plusieurs centaines de Parisiens, en effet. Ce jeune vélocipédiste magyar s'étonnait qu'on s'étonnât de le voir, et il portait, de même que son camarade, un maillot noir collant, un dolman noir à brandebourgs d'or croisés sur la poitrine et dessinant une croix de Saint-André, une casquette, noire également, avec plaque émaillée en sautoir et, au bras gauche, un bracelet d'argent.

Nos soldats non plus ne lui plaisaient pas. Les officiers encore pouvaient passer, mais les soldats manquaient de tenue et de discipline. Ils avaient, les réservistes surtout, des uniformes trop longs, trop larges, usés jusqu'à la corde, — ce qui n'est pas une calomnie, — ils mâchaient d'affreux cigares d'un sou, pendants au coin de leur bouche, au lieu de fumer la pipe allemande dont le port est si grave et si noble.

De là à prédire nos futures défaites, il n'y avait qu'un pas. Et ce pas fut franchi. On parla des alliés, de l'invasion, du voyage qu'on ferait bientôt à Paris, non plus pour visiter une exposition, mais en files serrées, clairon sonnant.

L'Italien trépignait. Il ne pouvait contenir l'expression de sa joie, contrefaisait le Français, épaulait et pointait une arme imaginaire. Je n'en ai pas vu d'autre dans cet état violent, et je suis convaincu que cette sorte de bravaches, de pourfendeurs patriotes, n'est pas commune en dehors des casernes ou des camps. Elle n'en est pas moins intéressante à noter, comme un symptôme secondaire. Il n'admettait aucune des réserves du Hongrois. Point de qualités chez les Français d'aujourd'hui, plus même de bravoure. Ils étaient divisés et impuissants. Ah! on verrait, à la prochaine guerre! Autrefois, sans doute, les soldats de France valaient quelque chose ; du temps de Napoléon Ier, quand ils entraient à Vienne ou à Milan, — car nous avons été un peu partout, et l'étranger s'en souvient, avant qu'on vînt chez nous ; — même du temps de Napoléon III, à Solférino, mais depuis lors! « Si la France bouge, conclut-il, nous en ferons quatre morceaux, oui, quatre morceaux ! »

Je me demandai pourquoi quatre morceaux, lorsqu'il n'y avait officiellement que trois alliés, et je supposai que le quatrième lambeau du territoire représentait le reste de la France dépecée, ce qu'on voudrait bien nous laisser, quelque chose comme les réserves des sauvages, en Amérique. Et la comparaison ne manquait pas de justesse, puisque vous savez que c'est le nom qu'on nous donne chez les civilisés d'outre-Rhin.

Ce musicien était terrible, le bras tendu, répétant : « Quatre morceaux ! » On sentait qu'il les aurait faits tout de suite. Il craignit seulement d'avoir été trop loin, de manquer de modestie internationale, et, se tournant vers le voyageur bavarois, il ajouta :

— Avec l'aide de notre puissante alliée, la Germanie !

L'Allemand se mit à rire dans sa barbe blonde, d'un air flatté, mais pas méchant, je vous assure.

Une impression mêlée de tristesse et de fierté m'emplissait le cœur, d'entendre ainsi parler de la patrie, si loin d'elle, dans les montagnes de l'Adriatique. Je me disais qu'il fallait que cette calomniée fût bien grande encore pour occuper tant de place dans la haine des autres, pour que ces gens, groupés dans une rencontre de hasard, n'eussent parlé que d'elle seule pendant une heure, de son passé, de son Exposition, de son avenir. Ils n'avaient rien dit de l'Allemagne, rien de l'Italie, rien de l'Autriche, si ce n'est pour compter leurs forces et les comparer aux siennes. La France les occupait plus que le reste. Je songeais aussi qu'il avait fallu bien des fautes, hélas! et plus d'une défaite, pour que des peuples si différents, si profondément séparés par des antipathies de races, en vinssent à s'unir contre nous dans cette commune folie de vengeance et d'orgueil.

Les huit Slaves ne s'étaient pas mêlés à la conversation. Peut-être même ne la comprenaient-ils pas. Tous jeunes et paysans des campagnes de la Carniole, serrés les uns contre les autres avec je ne sais quelle affectation ou quel instinct de nationalisme, ils chantaient. L'un d'eux lançait d'abord trois ou quatre notes, et les autres, leurs yeux brillants fixés sur lui, l'accompagnaient en parties. Celui qui faisait les dessus avait une voix nasillarde, extrêmement haute, qu'il donnait à tue-tête. C'était un cri prolongé, sauvage, comme un glapissement de bête fauve.

Pendant ce temps, des vues exquises se déroulaient autour de nous : d'abord, au bas des pentes couvertes d'oliviers et de vignes que grimpait le chemin de fer, l'Adriatique élargissant sa nappe de lumière entre les côtes basses qui forment à droite un long ruban violet, coupé çà et là d'un reflet de métal et, à gauche, les massifs de l'Istrie, énormes, fuyant en larges dentelures. Juste au fond du golfe, au-dessous de nous, la villa impériale de Miramar s'avançait, toute blanche dans la mer. Puis ce fut un détour brusque dans les terres et une succession de montagnes, non pas de ces masses terrifiantes, à parois verticales, où les sapins pendent comme des clous entre deux ravins d'éboulements, mais de belles montagnes arrondies, qui se tiennent par la main, protégeant, de leurs robes de moissons et de forêts nuées par l'automne, la cité disputée, Trieste pour nous disparue.

Je comprenais vraiment que les Italiens convoitassent une contrée pareille, et l'Istrie, et les îles innombrables, et la Dalmatie dont les marins apportent les mélèzes à Venise sur des barques aux voiles de pourpre. Leur ambition me paraissait une preuve d'appétit et de goût tout ensemble. Je me disais que, si j'étais Italien, Trieste serait parmi mes rêves, et je résolus, dès mon retour, de questionner un de mes amis, homme de grand sens, habitant la ville depuis de longues années, sur ce fameux irrédentisme.

Aussi, lorsque, en compagnie d'une vingtaine de voyageurs, tous Allemands, j'eus visité les grottes d'Adelsberg, — une féerie souterraine qui dure deux heures, une promenade d'une lieue à travers les grottes de stalactites, éclairées à la lumière électrique, — je repris le premier train pour Trieste, et j'allai trouver mon ami.

Il écouta mes questions avec le sourire des gens que nos ignorances de l'étranger étonnent.

— L'irrédentisme? me dit-il; mais, mon ami, il n'y en a pas.

— Comment, il n'y en a pas! L'Italie dissout des comités, l'Autriche emprisonne des journalistes, on change des consuls, on écrit des brochures, on fait des articles et des discours violents : tout cela pour ou contre l'*irredenta*, et il n'y a pas d'irrédentisme!

— Entendez-moi bien : je ne prétends pas qu'il n'existe pas un parti favorable à l'annexion, de l'autre côté de la frontière. Il existe, au contraire, très marqué, très encouragé malgré les désaveux, très remuant. C'est tout à fait évident et, de plus, tout à fait naturel. J'admettrai même que, dans une province soumise à la domination autrichienne, le Trentin, ce mouvement correspond aux vœux de la population. Le pays de Trente est absolument italien, il se fondrait tout de suite avec l'Italie, il n'a aucun intérêt de premier ordre qui l'en sépare, et je suis convaincu que, dans un remaniement plus ou moins prochain de la carte d'Europe, il sera cédé, sans grande objection, par l'Autriche. Mais qu'il existe ici, parmi les gens nés et établis à Trieste, un parti séparatiste ayant une influence quelconque, ou surtout qu'il existe un sentiment populaire, général, favorable à l'annexion, voilà ce que je nie absolument.

— Cependant, mon ami, cette animosité que rien ne désarme, entre Italiens et Autrichiens, ces élections constamment faites contre le gouvernement par la majorité italienne de votre population?

— Oui, n'est-ce pas? c'est ce qui trompe: nous faisons de l'opposition à l'Autriche, donc nous voulons nous séparer d'elle. On raisonne ainsi, à l'étranger, sur la foi des journaux intéressés à perpétuer l'équivoque. Rien n'est moins vrai. Pour bien comprendre la situation, il faut savoir que Trieste a joui longtemps de trois privilèges considérables : elle était exempte d'impôt, exempte de la conscription, et enfin son port était franc. En ce temps-là, qui n'est pas bien loin de nous, aucune partie de l'Empire n'était plus attachée à la dynastie des Habsbourg. On disait : « Trieste la fidèle », et ce n'était que justice. Mais, en ce siècle-ci, les privilèges, même les mieux fondés, même les plus utiles, n'ont pas la vie longue, et deux des trois dont nous jouissions nous ont été enlevés. Désormais, nous payons l'impôt foncier ; nos enfants sont soldats de l'empereur; il ne nous reste qu'un fleuron de la couronne d'autrefois: la franchise de notre port. Encore est-elle menacée. Elle devait, au 1er juillet dernier, aller rejoindre les faveurs

4.

passées dans la catégorie des souvenirs heureux. Les Triestins et les gens de Fiume, également atteints par la loi, ont tant fait, tant supplié, tant remontré, qu'ils ont obtenu une prorogation de deux ans. Peut-être gagneront-ils encore une nouvelle période, peut-être réussiront-ils à obtenir un renouvellement de bail, mais en principe, la suppression du port franc est décidée. Des trois prérogatives de la grande ville commerçante, pas une ne subsistera. Voilà la raison principale de l'opposition que Trieste fait au gouvernement central; voilà pourquoi, entre elle et lui, la lutte est si vive parfois qu'on a pu s'imaginer, à l'étranger, qu'un divorce s'ensuivrait tôt ou tard. L'élément italien, qui s'organise, s'agite et s'ingénie à créer à la lieutenance générale le plus d'embarras possible, n'y est pas seulement poussé par le désir de démontrer sa force et d'assurer sa prépondérance. Au-dessus des passions d'amour-propre, il y a pour lui un intérêt matériel de premier ordre, à savoir: la conservation, ou, s'il se peut, la reprise de privilèges dont il a ou dont il avait la plus large part. Qu'on revienne aux exemptions d'autrefois, et vous verrez les choses s'apaiser. L'agitation triestine, très diminuée, ne sera plus que la jalousie remuante de races opposées, contraintes d'habiter ensemble... Croyez-moi, mon ami : jamais Trieste n'appartiendra à l'Italie.

— Jamais, c'est un bien grand mot.

— Il n'est pas trop fort ici. D'abord, parce que jamais l'Autriche ne consentira à se dessaisir d'un port comme le nôtre. Elle en a trop peu pour n'être pas avare de ceux qu'elle possède. Le voulût-elle, que le pangermanisme ne tolérerait point une pareille conquête au profit d'une nation latine. Car vous n'ignorez pas que les rêves de cet ogre s'étendent des mers du Nord à l'Adriatique, et que Trieste doit lui servir à dominer l'Orient. Elle est marquée sur la carte de ses convoitises, qui s'allonge tous les jours, et où rien ne s'efface. Mais j'en reviens à cette autre raison que je vous indiquais tout à l'heure. Trieste ne sera pas italienne, parce qu'elle n'a aucun désir de le devenir. Qu'y gagnerait-elle? Les exemptions d'impôts qu'elle réclame? Vous savez bien que non. Elle serait écrasée de contributions, comme le reste de l'Italie. Et que perdrait-elle? Oh! c'est bien simple! Trieste deviendrait, du coup, une ville de dixième ordre, comme Sorrente ou comme Amalfi. Trieste italienne et Trieste morte, c'est à peu près la même chose. Car, aussitôt, l'Autriche ferme sa frontière derrière nous; Fiume grandit démesurément; tout le commerce de la monarchie avec l'Orient s'y concentre; les navires nous oublient au fond de l'Adriatique, et nous mourons aussi vite que sûrement, dans notre double prison de douanes et de montagnes. Pensez-vous qu'un raisonnement aussi élémentaire échappe aux gens de ce pays-ci? Il n'est personne, au contraire, qui ne le fasse, et qui ne se sente attaché à l'Autriche, sinon par le cœur, du moins par l'intérêt. Trieste se plaint, mais elle ne se révoltera jamais; elle compte beaucoup d'Italiens, mais qui ne rêvent rien moins que l'Italie...

Mon ami s'arrêta un instant, puis, s'apercevant que je n'étais pas encore entièrement convaincu :

— Voulez-vous un dernier argument? me dit-il.

— Volontiers.

— Nous sommes aujourd'hui vendredi?

— Oui.

— Soyez ce soir, à huit heures et demie, sur la piazza Grande.

— Qu'est-ce que j'y verrai?

— La démonstration vivante de ce que je viens de vous dire.

Le soir, à l'heure indiquée, je me trouvai sur la magnifique place qu'un square planté sépare de la mer. Une partie de la population s'y promenait, très animée, attendant comme moi. Cinq minutes s'écoulent. Une musique militaire débouche au détour d'une rue. Des soldats porteurs de lanternes l'enveloppent. En avant, en arrière, plusieurs centaines d'habitants de la ville, commerçants, boutiquiers, ouvriers, alignés comme un régiment, par files de quinze ou vingt, occupant toute la largeur de la chaussée, marchent au rythme relevé de la fanfare. Ils ne chantent pas, ils ne crient point. Presque tous fument la pipe. Ils marquent le pas comme des troupiers, avec une sorte d'enthousiasme grave, très militaire, qui émeut. A mesure qu'elle avance, la colonne grossit. En traversant la place, elle devient énorme. La plupart des promeneurs quittent les groupes, et se mêlent à elle. J'en fais autant, et, pendant quelques minutes, j'accompagne avec eux la musique enlevante, qui file grand train entre deux haies de peuple.

Une demi-heure plus tard, la retraite passait de nouveau sous les fenêtres de mon hôtel. Ce n'étaient plus seulement quelques centaines, c'était un torrent de trois ou quatre mille hommes — rien que des hommes, — qui l'escortaient maintenant, toujours en rang, toujours au pas. Parmi eux, il y avait sans doute des Allemands et des Slaves, mais aussi bon nombre d'Italiens. Tous suivaient, confondus, les soldats de l'Autriche.

L'eussent-ils fait, s'ils avaient eu au cœur la haine de l'Empire? Une race opprimée, prête à secouer le joug, prendrait-elle part, avec tant de belle humeur et d'entrain, à une promenade militaire conduite par ses oppresseurs? Jugez vous-mêmes.

Pour moi, je n'ajouterai qu'un mot à ces notes rapides, écrites à Trieste, sous l'impression du moment. C'est que je les ai partout contrôlées dans la suite de mon voyage. Elles n'ont été contredites par aucun homme bien informé, et je me rappelle encore ce Florentin italianissime, qui répondait à mes questions sur l'*irredenta* :

— A Trieste, monsieur ? il n'y a pas quatre Italiens ayant deux sous dans leur poche, qui désirent changer de patrie !

V

Les deux Bologne. — L'Université. — Les nations de Flandre et d'Espagne.

Bologne la Grasse! Bologne la Docte! Ce sont les deux épithètes qu'on accole à ce nom célèbre.

De la première, je dirai peu de chose, si ce n'est qu'elle est justifiée par la fertilité des campagnes de Bologne, par la réputation de sa mortadelle et de ses macaronis, surtout par un certain air opulent et florissant que n'ont pas beaucoup de cités italiennes. C'est proprement une ville contente d'elle-même. Aucune n'eut jadis autant de tours fortifiées, puisqu'elle en compta, dit-on, jusqu'à deux cents : c'était un sujet de fierté dans ce temps-là. Elle a mieux aujourd'hui : des rues bordées d'arcades, des monuments publics imposants, des palais nombreux et superbes. Je me garderai bien d'en parler, puisque beaucoup de gens peuvent les voir ou les ont vus. Je ferai seulement observer que ces somptueuses demeures sont infiniment plus accueillantes et aumônières pour le regard du passant que les nôtres. Tandis que nos hôtels, à Paris ou ailleurs, sont fermés de hautes portes qui ne s'ouvrent que pour permettre aux équipages d'entrer ou de sortir, et ne laissent rien deviner de l'architecture intérieure, ici, toute la journée, les portes sont ouvertes, et, à travers une grille ouvragée, qui clôt le péristyle, on peut apercevoir une cour pavée de marbre, entourée de constructions princières, ou plus souvent des jardins, des jets d'eau, de longues allées de chênes verts si étrangement tachetées de cyprès, des lointains tout argentés par la frange tombante des cèdres. Il vous en vient des impressions de beau luxe et de bon goût. Le plus pauvre promeneur a quelque part dans le plaisir des riches. Il possède au moins une lucarne sur leurs richesses, et ce n'est pas tout à fait rien que de voir le bonheur des autres.

Bologne la Docte est beaucoup plus fameuse et beaucoup moins connue que l'autre. Personne n'ignore qu'elle possède une Université glorieuse et très ancienne, qui a célébré, en 1888, son huitième centenaire.

Mais les souvenirs ne protègent pas toujours les institutions contre le déclin. Je me demandais ce qu'il en était aujourd'hui de l'Université de Bologne. Prospérait-elle, tombait-elle, se bornait-elle à végéter, cette manière de vivre qui en est une de mourir aussi? La première personne que j'interrogeai fut naturellement Bædeker. Et Bædeker, consulté en sa dernière édition de 1886, me répondit: « Elle compte actuellement environ cinquante professeurs des cinq Facultés et quatre cents étudiants. »

Mais le guide des guides se trompe ici grossièrement, son livre n'est pas à jour, il s'en faut, et ce n'est pas d'hier que l'Université de Bologne a dépassé le chiffre d'étudiants qu'il indique. Elle en avait déjà six cent soixante-huit en 1880; en 1883, elle monte à onze cent vingt-sept; en 1885, à douze cent quatre-vingt-dix-huit; en 1886, à treize cent trente-huit; enfin, d'après l'Annuaire publié l'an dernier, pour 1887-1888, elle atteint le nombre de quatorze cent soixante-sept élèves. C'est encore loin des douze mille écoliers d'autrefois, mais c'est beaucoup pour notre temps et assez pour placer Bologne au troisième rang des Universités italiennes.

Au-dessus d'elle, il n'y a que Naples, avec quatre mille cent trente-sept étudiants, et Turin avec deux mille cent soixante-dix. Rome ne vient qu'au quatrième rang, avec quatorze cent quarante-huit inscrits. Puis les chiffres décroissent vite pour Padoue, Palerme et Pavie. Ils deviennent bientôt très modestes. Les dernières des vingt et une Universités du royaume ne cueillent plus les étudiants que par dizaines : Camerino en a quatre-vingt-dix-sept, Urbino, quatre-vingt-onze, et Ferrare seulement quarante.

Toutes ces Universités sont en progrès, même Ferrare, qui ne possédait que trente-neuf élèves l'année d'avant, et qui conquiert son quarantième haut la main, en 1888. Mais Bologne est une de celles dont l'accroissement a été le le plus rapide.

A quelles causes attribuer le renouveau de faveur qui la porte en avant? Un professeur, homme éminent et grave, me répondit: « A ce qu'on travaille beaucoup à Bologne; ils s'amusent à Padoue, à Pavie, et ailleurs; ici, les études sont fortes. » Je ne doute pas que les études ne soient très fortes, en effet. Je sais que Bologne peut offrir à la jeunesse laborieuse des maîtres renommés, des collections remarquables, une bibliothèque de cent mille volumes. Mais j'ai peine à croire que la passion de la science agite à la fois quinze cents étudiants. Admettons-le pour une élite, mais pour la masse, sans vouloir contredire absolument l'opinion flatteuse de ses maîtres, je me permettrai d'insinuer que la force des études n'est peut-être pas l'unique attrait. La beauté de la ville en est un autre, et ses cafés, et ses théâtres et sa situation privilégiée au centre de l'Italie, au carrefour de nombreuses lignes ferrées. Il y a sûrement quelque chose de cela dans le succès croissant de l'Université, et comme un bon service rendu par Bologne la Grasse à Bologne la Docte.

Toute cette jeunesse est distribuée non pas entre cinq, mais entre quatre Facultés et plusieurs Écoles annexes : la Faculté de belles-lettres et philosophie, celle des sciences mathématiques, physiques et naturelles, celle de droit, celle de médecine et de chirurgie, puis une École d'application pour les ingénieurs et architectes, créée et rattachée en 1875 à la Faculté des sciences, une École libre des sciences politiques, une École de pharmacie, une École vétérinaire, etc.

La maison est universelle. Elle vous tient plus ou moins longtemps, suivant la qualité des titres qu'on lui demande. On peut y devenir *laureato* — la *laurea* est un grade équivalent à peu près à notre doctorat — de philosophie ou de lettres, de chimie, de physique ou de droit après quatre ans, de mathématiques après cinq. Il en faut six pour être *laureato* de médecine, mais il en suffit de trois pour obtenir le diplôme d'ingénieur civil ou d'architecte, et de deux pour faire un notaire.

C'est à chacun de choisir. Il y a des cours

et des maîtres pour tous les goûts. Je n'ai pas compté moins de cinquante-deux professeurs ordinaires, treize professeurs extraordinaires, quarante chargés de cours, — il est vrai que plusieurs cumulent deux ou trois de ces titres, — et soixante-trois *privat docent*, que l'on nomme *insegnanti liberi con effetti legali*. C'est, on le voit, toute une légion. Aucune initiative ne semble repoussée. J'ai remarqué, par exemple, dans la seule Faculté de droit, un cours d'histoire des sciences politiques et de législation comparée, d'autres de pratique criminelle, de législation cadastrale, de comptabilité d'État, d'histoire des traités, de droit canonique, de paléographie. On comprend ce que cette abondance introduit de variété et d'intérêt nouveau dans l'enseignement. C'est là certainement une des attractions de l'Université de Bologne. Ajoutez-y ses illustrations scientifiques. Elle en a de véritables, dans le présent comme dans le passé. Je n'ai pas à rappeler les anciennes. Aujourd'hui c'est Giosué Carducci, le poète le plus renommé de l'Italie actuelle; le recteur Murri et M. Calori, l'un médecin, l'autre anatomiste; M. Lucchini, le professeur de droit criminel, associé aux travaux préparatoires du récent code pénal ; le professeur de droit civil, Regnoli ; le savant archiviste préposé aux archives d'État, M. Carlo Malagola. Il serait facile de citer encore d'autres hommes distingués dans les lettres et les sciences. L'Université de Bologne est, je crois, sous ce rapport, une des mieux partagées de la péninsule.

L'esprit qui domine chez elle, comme dans toutes les autres Universités, est l'esprit libéral, celui de la révolution italienne, qui s'y trouve même racontée et célébrée à part dans un cours d'histoire du *risorgimento italiano*.

La manière d'enseigner n'y diffère guère de la nôtre. L'appareil est le même. Les professeurs, sauf ceux de la médecine, parlent en robe, assis dans une chaire de bois qui diffère seulement des caisses à orangers d'où enseignent nos professeurs de Facultés, en ce qu'elle est surmontée d'un baldaquin, dénué d'ailleurs de frivoles ornements. Quant au palais même, situé dans la rue Zamboni, il n'a rien de remarquable : une cour entourée de salles rectangulaires, des murs peints, des corridors où se dresse çà et là un buste d'homme célèbre, aux endroits où ça ne gêne pas ; somme toute, un bel exemplaire du style nu, proche voisin de nos constructions pédagogiques de France, qui n'enseigneront jamais à nos enfants l'amour de l'architecture.

Jusque-là, l'Université de Bologne, tout ancienne qu'elle soit, nous apparaît absolument moderne d'allure et d'aspect. Pourtant quelque trace du passé subsiste, un dernier vestige du moyen âge, du caractère universel d'autrefois, que j'ai observé avec le plus vif intérêt: je veux dire la nation flamande et la nation espagnole.

Oui, il existe encore deux groupes, dotés et organisés à part, d'étudiants du Nord et du Midi, peu nombreux l'un et l'autre, mais régis encore par la loi de leur fondation. Le collège Jacobs ou collège des Flamands, situé via Guerrazzi, compte trois ou quatre étudiants, très bons sujets et très laborieux, m'a dit un de leurs professeurs. Ils sont entretenus sur un fonds d'anciennes dotations. Leur recteur est un citoyen bolonais, nommé par les administrateurs, tous également Bolonais. Le revenu brut du collège est d'environ dix-huit mille francs.

Le collège espagnol, le plus riche des deux, fondé au xive siècle par le cardinal Albornoz, archevêque de Tolède, jouit d'un revenu d'environ cinquante mille francs. Il a compté jusqu'à une vingtaine d'écoliers ; il n'en avait que cinq quand je l'ai visité. On conçoit que ces jeunes gens, prébendés de la sorte, puissent vivre largement. Ce sont tous des fils de famille, la plupart se destinant à la diplomatie, carrière lucrative et dès lors très recherchée dans l'Espagne contemporaine. Les cinq étudiants espagnols d'aujourd'hui sont inscrits à la Faculté de droit. L'un d'eux fait, en outre, ses études de médecine. On ne les dit pas aussi bûcheurs que leurs collègues des Flandres. En revanche, ils sont des hommes du monde accomplis, très choyés par la société bolonaise, les plus brillants de ses valseurs et de ses élégants : on l'ignorerait qu'on le devinerait tout de suite en visitant leur palais.

Ce palais, *collegio San Clemente degli Spagnuoli* est situé dans une rue qui s'appelle naturellement Saragozza. On entre dans une cour, au milieu de laquelle est un puits en fer forgé ;

tout autour règne un cloître fort joli, décoré extérieurement de portraits à fresque, par Annibal Carrache, et tout le long du cloître, à l'intérieur, ouvrent les appartements de l'estudiantina.

Chaque étudiant a deux pièces à lui. Voici, par exemple, le cabinet de travail de M. le marquis de L... Il est assez petit, voûté en ogive, et meublé curieusement d'un bureau, d'un fauteuil, d'un sofa et d'une quantité de bibelots accrochés au mur : tableaux de courses, photographies de jeunes gens et de jeunes filles, dont quelques-unes signées et charmantes, — n'ai-je pas dit que ces messieurs allaient beaucoup dans le monde? — drapeau espagnol, ombrelle japonaise pendue au plafond. Dans un coin, un piano. La fenêtre ouvre sur le jardin. A côté, une chambre de même grandeur, ornée dans le même goût : des portraits de toreros encadrent une panoplie de pistolets et d'épées. Je n'ai pas vu la moindre bibliothèque. Il est vrai que celle de l'Université est si complète!

Ces messieurs d'Espagne n'ont pas un règlement sévère : ils sont libres toute la journée et libres le soir jusqu'à minuit. Ceux qui veulent s'offrir, à leurs frais, le luxe d'une voiture ou d'un cheval de selle y sont autorisés. Ils donnent de grands dîners. Un personnage de marque, ambassadeur, ministre ou prince espagnol, ne passe point à Bologne sans s'asseoir à la table des étudiants de Saint-Clément. Ainsi, quand le duc de Montpensier venait surveiller les intérêts considérables qu'il avait dans le voisinage, il ne manquait jamais d'être invité ni de répondre à l'invitation. Il y a grande fête aussi et réception en costume de gala pour l'arrivée d'un nouveau membre de cette aristocratie écolière. Et il paraît que ces messieurs font royalement les choses. Enfin, pour passer leurs vacances, — car ils ont tout à souhait, — ils peuvent retourner en Espagne, ou se retirer à quelques lieues de Bologne, dans une villa que j'ai visitée. C'est une grande maison sur les collines d'Ozzano, avec une vue admirable sur la vallée. Une futaie l'enveloppait autrefois. Mais il s'est trouvé un recteur très peu poète qui l'a fait abattre. Les étudiants, aujourd'hui, vivent parmi les vignes.

Le fondateur du collège des Flamands, Jean Jacobs, avait, dans son testament du 9 septembre 1630, conféré le droit de désigner les écoliers du collège à la corporation des orfèvres. Ce droit passa, quand la corporation s'éteignit, à la municipalité de Bruxelles, qui l'exerce aujourd'hui. Pour les Espagnols, le mode de nomination était différent. Les candidats, qui devaient remplir certaines conditions de noblesse, de religion et de fortune, étaient présentés par les descendants de la famille Albornoz ou par divers prélats, comme les évêques de Tolède, de Salamanque, de Burgos, de Compostelle, de Sagonte, d'Abula, etc. Une fois admis à l'Université, ils choisissaient eux-mêmes leur recteur, et ce recteur n'était autre que l'un d'eux. Je n'ai pas ici la même certitude que pour le collège flamand ; je crois, néanmoins, que ces anciens usages sont encore observés.

Bologne, au moyen âge, comptait une troisième nation particulièrement florissante, celle des Allemands. Et cependant, c'est à peine si on en avait gardé mémoire, lorsque, récemment, un jeune gentilhomme bolonais, érudit et lettré, le comte Nerio Malvezzi de'Medici, découvrit dans ses archives, parmi les papiers vendus à l'encan lors de la domination française et achetés par sa famille, des pièces qui reconstituaient l'histoire entière de la nation allemande, et donnaient jusqu'aux noms, jusqu'aux armes des étudiants oubliés.

La découverte fit du bruit; les savants d'Allemagne s'émurent: il y allait de la gloire de la patrie, des origines de nombreuses familles encore existantes. Peut-être même allait-on pouvoir déterminer la vraie nationalité de Copernic, que les Teutons et les Polonais réclament également pour compatriote! Et en effet, le nom de Copernic se trouvait parmi ceux de la nation allemande; mais, comme il arrive souvent, la controverse n'en a pas moins continué. Un délégué fut envoyé de Berlin. Bientôt après, M. Mommsen lui-même fit le voyage de Bologne, et demanda au comte Malvezzi l'autorisation de publier les documents, au nom de l'Institut de Berlin. Ce qui fut accordé. Seulement, la dépense était lourde. L'Institut se fit appuyer par le prince de Bismarck, et, sur le rapport du chancelier, l'empereur Guillaume voulut bien la partager. M. Mommsen les en remercia tous deux dans une belle préface en latin.

Une première partie de ces précieuses chroniques a donc paru en 1887. C'est un superbe volume in-folio, orné de reproductions de miniatures du xve siècle et intitulé: « *Acta nationis germanicæ universitatis bononiensis, ex archetypis tabularii Malvezziani, ediderunt Ernestus Friedlaender et Carolus Malagola.* » Il conduit l'histoire de la nation allemande à Bologne du milieu du xiiie siècle au milieu du xvie. Mais les documents vont au delà, et, selon toute apparence, la publication sera continuée, soit par l'Allemagne, soit par l'Autriche, également intéressée dans cette découverte.

Est-ce bien tout ce qui reste de l'antique Université : deux collèges et un livre de souvenirs?

Pas tout à fait. Je réjouirai quelques âmes affligées en leur apprenant que le droit romain fleurit encore dans l'école illustrée par Irnérius. Le vieux maître germain, savant aux gloses profondes, inventeur du doctorat en droit, et ses quatre premiers sujets, qui furent, paraît-il, Bulgarus, Hugolin, Pileus et Martin, peuvent continuer de dormir en paix :

leur gloire n'est point touchée. Le Digeste, le Code, les Institutes de Justinien, ce lourd bagage de textes contradictoires autant que vénérables, si lestement bousculé, en ces derniers mois, par notre Conseil supérieur de l'instruction publique, occupe toujours là-bas la même place encombrante et sacrée. Je n'ai pas eu besoin d'interroger, pour le savoir, mes auteurs ordinaires, ni de recourir aux programmes. Il m'a suffi de jeter un regard, tout à l'entrée de l'Université, sur une petite affiche blanche, grande comme la main, portant avis d'un concours de Pandectes. Vous me direz que les concours de Pandectes ne sont pas rares, et qu'on en use encore à Paris. Je le sais bien. Mais il y avait à Bologne une ligne caractéristique, une ligne qui contient un monde : « L'emploi de la langue latine, toutes choses égales d'ailleurs, sera un titre de préférence. »

Vous entendez, Raoul Frary, le latin, un titre de préférence ! *Uno titolo di preferenza !* Cette ligne-là, voyez-vous, je l'ai saluée quand j'ai passé, car j'étais sûr, en France, de ne la relire jamais !

VI

Un patriote grand seigneur. — Son opinion sur la triple alliance
La marquise B.

Quand je me présentai pour voir le jeune et savant marquis B..., qui habite une des villes du nord de l'Italie, entre Bologne et Milan, il était à là campagne, comme le doit, pendant la saison d'automne, tout gentilhomme italien, n'eût-il qu'une cabane entre deux peupliers, aux portes d'un faubourg, ou seulement un ami qui en possédât une.

Ce dernier cas n'est pas celui du marquis B..., très riche et même trop riche. L'abondance de ses biens me mit dans un extrême embarras. « Faites attention, m'avait dit le majordome, car mon maître possède trois habitations à un kilomètre l'une de l'autre : la villa, la palazzina et le palazzone. Ce n'est pas à la villa, ce n'est pas au petit palais, c'est au grand palais qu'il demeure. On vous indiquera là-bas la route à suivre. » Naturellement je me trompai. Arrivé à la gare de banlieue, bientôt sans guide, en pleine campagne, je perdis une heure dans les chemins. Je ne le regrettais guère, à vrai dire. C'était le matin, par un temps clair. Des volées de linots s'envolaient, et se reposaient sur les hautes treilles de vignes courant en lignes régulières sur des souches d'ormes et de mûriers. Au-dessous, la terre fraîchement labourée, toute noire, fumait. Quelques groupes d'hommes et de femmes, grimpés sur des échelles, achevaient de cueillir la vendange. Mais presque partout elle était déjà faite, et les attelages de mules ou de bœufs blancs encombraient la route, traînant vers la ville de longs et minces tonneaux, sur des chariots de forme antique, aux timons sculptés, rasant le sol.

Un des contadini qui conduisaient ces attelages me montra enfin le palazzone, une grande façade rose, bordée de jaune, sur une hauteur. Une avenue plantée de cormiers y conduisait. Le second majordome qui me reçut, aussi beau, aussi solennel que le premier, — et ce n'est pas peu dire, — alla prévenir son maître. Et le marquis B... vint me trouver au salon, dont la large porte, par cette tiède matinée, restait ouverte.

Le châtelain, par son tempérament et par ses relations, est porté vers les choses de la politique. Il aime à en parler. Aussi, après quelques minutes de conversation décousue, de questions sur des amis communs, de banalités nécessaires, il s'engagea de lui-même dans la voie où je ne demandais pas mieux que de le suivre. Je le savais très franc et indépendant d'opinions, incapable même de déguiser, par excès d'amour-propre ou scrupule de courtoisie, la nuance vraie de sa pensée.

— Ayez la bonté de m'expliquer, lui dis-je, pourquoi votre pays est si fort animé contre le nôtre, si menaçant quelquefois et si défiant toujours?

Il se mit à sourire.

— Tout d'abord, répondit-il, je vous prie de constater que je ne suis pas personnellement un ennemi systématique de la France, ou du moins des Français pris individuellement. Je connais beaucoup de Français, j'apprécie grandement leur esprit, je suis heureux de les recevoir, et, tenez, je ne vous attendais pas ce matin : regardez sur cette table de salon.

Je m'approchai, et j'aperçus, rangés sur la table blanche réchampie d'or, l'*Univers illustré*, l'*Illustration*, la *Revue des Deux Mondes*, un journal pour la jeunesse, rien que des publications françaises et pas une italienne.

— Maintenant, reprit mon hôte, que vous êtes édifié par ce petit détail sur mes goûts personnels, et que vous ne risquez plus de me prendre pour un adepte du misogallisme, je ne vous cacherai pas qu'en effet l'opinion en Italie n'est pas favorable à la France. Quand je dis l'opinion, j'écarte immédiatement un nombre considérable de gens qui n'en ont aucune. Les paysans et les ouvriers, chez nous, sont beaucoup moins politiciens que chez vous. Ils lisent moins, en général; ils savent à peine où se trouve la France ou l'Allemagne, et leur sentiment n'est guère que l'expression d'un instinct humain : pas de guerre avec personne; qu'on nous laisse en paix gagner notre vie déjà si dure et celle de nos enfants; qu'on ne nous charge pas de nouveaux impôts; que chacun reste en famille au beau soleil qui repose.

— Ce sont des sages!

— Mais qui ne mènent rien. Ceux qui régissent nos affaires publiques, je ne vous apprendrai rien en vous le disant, ont peu de sympathie pour la France. La plupart de ceux qui, de près ou de loin, touchent à la politique, pensent de même. Ils sont en méfiance. A tort ou à raison, ils s'imaginent que vous êtes jaloux de nos progrès, que vous voyez avec peine la nation unifiée prendre rang parmi les grandes puissances. Le souvenir de 1849 les poursuit. Ils vous voient déjà, avec cette intuition prompte, irraisonnée, qui est le propre du tempérament italien, revenir sur l'œuvre que vous avez faite sous Napoléon III, et menacer l'unité conquise. Tous ces bruits ridicules de débarquements projetés par les Français, à la Spezia ou ailleurs, de troupes concentrées pour le passage à l'improviste de quelque col des Alpes, ne sont que les symptômes de cet état d'esprit, les fantômes plus ou moins bizarres enfantés par cette appréhension très réelle d'un retour offensif.

— En sorte, monsieur, que le plus clair résultat de la part que le gouvernement impérial a prise autrefois dans votre unification, tantôt par les armes, tantôt par une complicité diplomatique, n'est pas précisément la reconnaissance ?

— Je serais tenté de vous demander si vous croyez, vous-même, à la reconnaissance des peuples ? C'est une vertu privée. Elle est déjà rare chez les individus. Je ne sais pas si elle existe de peuple à peuple. En tout cas, eût-elle véritablement existé chez nous, que vous l'auriez tuée rapidement.

— Comment cela ?

— Par votre expédition de Tunis d'abord. Nous convoitions la Tunisie. C'était une colonie toute désignée à notre ambition, voisine de la Sardaigne et de la Sicile...

— Un peu moins que de l'Algérie, cependant ?

— C'est vrai, mais toute italienne, et c'est

ce que vous oubliez. Encore aujourd'hui, sous votre domination, Tunis est beaucoup plus italienne que française par la langue, la population, les mœurs, l'importance comparée de nos établissements commerciaux et des vôtres. Vous nous avez devancés : vous l'avez occupée. C'est bien. Vous comprendrez seulement que cela ne se pardonne pas en un jour. La déception a été trop vive. Et ce n'est peut-être pas ce qui nous a le plus indisposés contre vous.

— Qu'y a-t-il encore ?

— Il y a l'attitude provocante que vous avez prise à notre égard, la guerre d'épigrammes, presque quotidienne, de vos journaux, de vos revues, de vos livres, de vos discours politiques. Vous nous avez blessés, de la sorte, un nombre incalculable de fois !

Le jeune marquis, jusque-là assis dans son fauteuil de toile à dessins de laine, se leva, les nerfs vibrants d'une émotion qu'un Français n'eût pas eue, ou qu'il eût montrée autrement. Car son visage ne changea pas. Le mot demeura correct et courtois. Seuls, le mouvement plus rapide de ses yeux, le tremblement faible de la voix et du geste, manifestaient une irritation intime, quand mon hôte vint s'accouder au marbre de la cheminée, plus près de moi, et ajouta :

— Oui, blessés. Nous sommes, je le sais, d'une extrême nervosité, nous nous offensons vite. Mais, franchement, les occasions ne nous ont pas manqué. A tout propos, on nous répète que nos soldats ne valent pas les autres ce qui est faux; que nous ne sommes que par vous, ce qui est au moins agaçant; on nous propose de mettre en ligne cent mille Français contre cent mille Allemands renforcés de dix mille Italiens, pour égaliser les chances; on nous jette à la tête Custozza, Lissa. Et que voulez-vous que nous répondions ? Vous autres si l'on vous crie : « Reischoffen ! Sedan ! » vous pouvez riposter : « Rocroy ! Austerlitz ! Iéna ! Sébastopol ! » Vous avez cent victoires, de la gloire militaire de quoi effacer le souvenir de vos récentes défaites. Mais nous, je vous le demande, que pouvons-nous répondre ? Nous n'avons qu'un autre nom : « Dogali », une défaite courageuse, mais une défaite encore. Comprenez-vous ce qui s'amasse alors de rancune au cœur d'une nation au tempérament impressionnable comme le nôtre, d'une nation qui n'est, permettez-moi le mot, qu'une parvenue parmi les grandes puissances, et qui, comme telle, est plus sensible encore aux blessures d'amour-propre?

Quand il eut achevé cette tirade, le marquis B..., comme une mandoline qui se détend, cessa de vibrer. Il redevint subitement le beau jeune homme aimable et grave avec lequel j'avais commencé à causer un quart d'heure auparavant.

— Il y a de tout cela, me dit-il posément, dans la triple alliance.

— Que vous approuvez, à ce que je vois?

— Sans enthousiasme et avec la pleine conscience de ses dangers. Je n'ai pas, et beaucoup d'Italiens des classes élevées n'ont pas plus que moi le fanatisme et l'ardeur provocante de M. Crispi. Nous sommes très opposés à cette politique brouillonne. Mais, pour les motifs que je vous ai dits, nous croyons avoir à nous défendre contre la France. Et, ramenée à cette mesure défensive, la triple alliance nous paraît nécessaire en ce moment. Isolés, nous serions trop faibles. Avec l'Autriche et l'Allemagne pour alliées, c'est bien différent. Nous avons mis notre unité nationale à l'abri derrière elles. Il est vrai qu'on peut trouver étrange et peu solide un accord avec l'Autriche, notre ennemie d'hier, une puissance et une race qui n'ont pas la sympathie bien vive du peuple italien. Mais remarquez qu'aucun conflit aigu ne nous sépare d'elle, aujourd'hui qu'elle a renoncé à toute velléité de possession en Italie, et que même nous sommes les premiers intéressés au maintien de l'Autriche. Elle sert de tampon entre l'Allemagne et nous. Si l'Allemagne l'absorbait, si l'Allemand du Nord, devenu maître d'un empire colossal, s'établissait le long de nos frontières, il ne résisterait pas à l'instinct fatal qui pousse les races du Nord vers nos plaines : il passerait les montagnes, et descendrait.

— Mais ce danger, monsieur, qui sait s'il ne vous attend pas au lendemain d'une guerre heureuse, qui ferait de l'Allemagne la première puissance du monde et des esclaves de ses alliés de la veille? Elle est déjà leur suzeraine. En cas de défaite, vous auriez également à vous repentir de l'aventure où vous auraient entraînés vos traités. Pourquoi ne demeurez-vous pas neutres? C'est une idée que j'ai entendu exprimer à plusieurs de vos compatriotes : l'Italie indépendante, placée en dehors des agitations, hôtesse et musée pour toute l'Europe, arbitre quelquefois de ses querelles. Le vœu n'a rien de blessant.

— Non : il est seulement impossible. Est-ce que nous pouvons nous désintéresser de la politique générale, avec notre situation géographique et le rôle que nous sommes appelés à jouer dans la Méditerranée? Croyez-vous que nous puissions renoncer à la place que nous croyons avoir conquise dans le monde? Neutres! C'est un joli rêve, en vérité! La république de Venise fut neutre aussi, et finalement mangée par Bonaparte.

— Cependant, il y a chez vous une certaine opposition, et même un commencement d'agitation contre la triple alliance?

— Dites plutôt qu'on se plaint des conséquences qu'elle a eues, ou qu'elle pourrait avoir. Ce n'est pas la même chose. Le commerce souffre de la rupture des traités avec la France. Tout le monde redoute une guerre.

Je ne crois pas qu'en dehors de l'armée, portée à la désirer, comme toutes les armées du monde, et de quelques fanatiques sans crédit, on trouve en Italie beaucoup d'hommes pour qui la guerre n'est pas un épouvantail. Je suis même convaincu qu'au fond M. Crispi n'en veut pas. Mais de là à désavouer nos amitiés, et surtout à changer l'orientation de notre politique pour nous rapprocher de vous, il y a très loin. Aucun parti n'y songe.

— Vos radicaux, cependant? Cette campagne si vigoureusement menée par le *Secolo* de Milan?

— Vous y croyez?

— Je vous interroge.

Le marquis sourit légèrement.

— Pour les besoins de la polémique, dit-il, le parti dont parlez est souvent appelé le parti français. Et cela peut faire illusion à quelques personnes à l'étranger. De plus, il prêche, en effet, de toutes manières, contre l'influence et l'alliance allemandes. Le journal est extrêmement répandu. Son directeur parcourt en ce moment l'Italie en faisant, sur ce thème, des conférences populaires. Ne vous abusez pas, néanmoins. Ce n'est qu'un moyen d'opposition gouvernementale. Il n'y a pas de parti français en Italie. Il y a seulement des révolutionnaires qui, cherchant une plate-forme, ont rencontré celle-là. Ils n'aiment pas la France pour elle-même, croyez-le bien. Ils aiment la république. Si la France changeait, je ne dis pas même de gouvernement, mais d'allures, elle n'aurait pas d'ennemis plus acharnés. Et si demain la guerre éclatait, pas un d'eux ne refuserait de marcher. Le jour où le roi donnera l'ordre de partir, soyez bien persuadé, monsieur, que tout le monde partira.

— Tout le monde?

— Cela ne fait aucun doute pour moi.

— Avec entrain?

— Avec passion, du moins jusqu'aux frontières.

— Et au delà?

— C'est l'inconnu.

— Vous avez des chefs?

— Je suis trop franc pour vous répondre que nous en avons beaucoup. Il y a des hommes inférieurs dans de très hauts commandements, ou du moins des hommes qui n'ont pas donné de preuves, et n'inspirent pas confiance. Il y en a quelques-uns de capables. Le plus populaire de tous est le général Pianell, un Napolitain, ancien ministre de la guerre de François II, et qui a montré de la décision à Custozza. Eh mon Dieu ! nos défauts sont ceux des armées jeunes : le manque de chefs éprouvés, une cohésion encore imparfaite, une mobilisation où l'imprévu jouerait un grand rôle. Tout cela ne dépend de nous qu'à moitié. Mais il en est un autre que je redoute davantage, un vice qui n'est ni dans notre organisation ni dans notre armement. La plupart de mes compatriotes ne l'aperçoivent pas, car c'est précisément la conviction où nous sommes d'être arrivés. Les incontestables progrès accomplis ont tourné bien des têtes. L'amitié allemande a achevé d'infatuer les esprits. On s'imagine n'avoir plus rien à faire pour égaler les plus fortes nations militaires. On s'endort. Et ceux qui le voient sont réduits à une appréhension stérile, mais dont je souffre, monsieur, plus que je ne saurais le dire... Je vous demande pardon, ajouta-t-il après un moment : je ne puis causer de toutes ces questions sans un peu d'énervement... Voulez-vous sortir avec moi? Nous avons le temps d'aller jusqu'à une vigne que je voudrais vous montrer. Je l'ai plantée d'après les méthodes françaises.

Nous sortîmes, par un des temps les plus délicieux que j'aie goûtés de ma vie, un de ces temps d'automne infiniment purs, où la lumière vient de partout, et rend les feuilles transparentes, et, passant au travers de ces ors, de ces pourpres bruns, de ces verts atténués, arrive aux yeux en fête avec une variété et une douceur sans égales. Le jeune châtelain me pria d'admirer un bois de chênes, chose assez rare dans la contrée, et s'arrêta même devant un arbre d'assez commune venue, poussé dans le taillis. « Voyez, le beau chêne! » me dit-il. Je pensai aux géants de nos forêts, qui ont trente mètres sous branches, et il me fallut un peu d'effort pour répondre oui. Par l'allée tournante et très accidentée, nous fûmes bientôt au sommet d'une colline couverte de vignes. Là, l'Italie reprenait ses avantages. Le paysage était immense et d'une limpidité qu'aucune brume ne voilait.

Ce fut une heure charmante et vite passée. Puis nous revînmes à la villa.

Pendant le déjeuner, toute la famille parla français et fort bien, en mon honneur : le marquis naturellement, son père, un ami, vieux garçon, depuis quelques semaines en villégiature, une enfant de dix ans, un peu chétive, qui avait déjà le charme de regard et de langage de sa mère. Ils eussent parlé aussi facilement l'anglais et, je crois aussi, l'allemand. La marquise B..., née dans la province de Tarente, avait ce teint de nacre blonde et cette finesse de traits des Grecques d'Italie, qui ont gardé du type classique l'extrême pureté des lignes, mais avec une ténuité, un effacement des angles, une ombre de morbidesse qui ne sont point antiques. J'en juge au moins par celles que j'ai vues. Elle causait peu, mais pour dire des choses fines, très sensées, sans aucun éclat de voix. Le luxe délicat du service, les fleurs disposées par petits bouquets dans de minuscules vases d'argent ciselé, sans profusion, par leur arrangement et leur choix témoignaient d'un goût supérieur. Pas une fois je ne la vis donner le moindre signe d'attention à l'ordonnance matérielle du repas, rappeler, de quelque façon que ce fût, qu'elle n'était pas une étrangère, toute au plaisir d'écouter et de suivre une conversation, dans cette maison dont les moindres ressorts dépendaient d'elle. Elle coupa une aile de poulet dans l'assiette de sa fille, en vraie marquise qu'elle était. Vingt sujets furent effleurés autour d'elle : voyages, livres, musique, Paris. Elle était informée sur tout, mais elle le laissait deviner : elle ne le montrait pas. Quand une éducation atteint ce degré d'affinement, il est plus difficile de distinguer une grande dame italienne d'une Française, d'une Suédoise ou d'une Russe. Cependant l'Italienne se révélait, malgré elle, à certains moments où la conversation l'intéressait davantage. Une lueur ardente, dont ses yeux semblaient agrandis, une sorte d'éclair d'un esprit passionné, passait dans son regard, et disparaissait aussitôt, sans aucun mouvement du visage, sans le moindre frémissement de ses sourcils minces et d'une courbe légère, comme un arc au repos. Et je ne pouvais m'empêcher alors de songer à ces figures délicates que peignaient les peintres de l'ancienne école, dont les joues s'ombraient de cheveux légers comme un souffle, et dont la bouche, à peine rose, souriait d'un sourire impénétrable et doux.

Elle portait une robe réséda, très simple, et un serpent d'or à l'attache pâle de son bras.

— Serez-vous encore demain à X...? me demanda le marquis au moment où je prenais congé de lui. Je dois m'y rendre, et je serais content de vous montrer mon palais. J'ai une bibliothèque qui, peut-être, vous intéressera.

Il fut convenu que nous nous retrouverions le lendemain, à la ville.

VII

Le palais du marquis B... — Les partis italiens. — Mélancolie d'un jeune homme riche. — La peur de se compromettre.

Le palais, un des plus beaux spécimens de l'art italien du xvie siècle, est situé dans une des principales rues de la ville. Le peu qu'on en voit de l'extérieur, — les énormes moellons des assises, les fenêtres grillées de barres de fer, toujours sombres sous la voûte des arcades qui bordent la chaussée, — donne l'idée d'une forteresse ; l'intérieur est aménagé pour les fêtes : symbole de ce temps, à la fois violent et raffiné, où l'on dansait en manteau de soie avec une dague au côté.

Un escalier de marbre à paliers, large comme celui de *l'Éminence grise*, de Gérôme, conduit à une première salle de bal. Le marquis m'attendait là. Il souleva une portière de satin cerise qui retomba sur elle-même avec lenteur, et dont le mouvement troubla, pour un instant, le sommeil de tous les reflets que se renvoyaient les uns aux autres le pavé de mosaïque, les glaces, les tentures, les moulures dorées de l'énorme salle vide. Quand cette vague de couleurs eut fini son ondulation, je m'aperçus de l'étonnante disposition du plafond : il était percé d'une large ouverture ovale bordée d'une balustrade, par où venait comme une grande pluie de lumière, et qui pouvait permettre à des groupes d'invités, à ceux d'un âge mûr, ou simplement songeurs, de contempler, sous un jour assurément rare, les fêtes qui se donnaient au-dessous d'eux. Quatre autres salons faisaient suite à celui-là, ornés dans un goût un peu pesant et trop riche, puis les appartements du marquis et de sa famille, tout nouvellement meublés par quelque tapissier de Milan ou de Paris, un cabinet de travail, d'une coquetterie sévère, d'autres pièces inoccupées.

— Vous voyez, me dit mon hôte, que c'est trop grand pour nous, ce palais, d'autant que nous l'habitons seuls.

Il tenait à se séparer, sans trop y appuyer, de tant de pauvres seigneurs italiens qui n'ont plus à eux qu'un étage, ou moins encore, du palazzo des aïeux, louant ou vendant le reste à qui veut les payer. Peu de bibelots, d'ailleurs, dans cette maison patricienne, peu de souvenirs même du passé : quelques tableaux pendus aux murs des chambres, têtes de gentilshommes ou de belles dames de divers temps, le portrait obligé d'un cardinal de la famille, quelques aquarelles achetées en voyage et, près d'une cheminée, une jolie miniature représentant la reine Marguerite. Je n'ai vu nulle part le roi Humbert. Peut-être y avait-il là une nuance voulue.

— Ah ! me dit le marquis, en ouvrant la porte de la bibliothèque, que de fêtes splendides ont été données, autrefois, dans ce palais !

— Pourquoi dites-vous autrefois ? Vous recevez encore ?

— Très peu souvent et très peu de gens.

— Vous voyagez beaucoup, en effet, tandis

que vos pères demeuraient à la ville. Votre vie ne ressemble plus à la leur.

— Ce n'est pas la cause, répondit-il avec une nuance de tristesse. La cause se trouve dans les divisions de mon pays. Je suis suspect aux hommes du pouvoir, parce qu'il me répugne de les suivre ; suspect aux autres, parce que je ne puis me résigner à l'inaction, et aussi, je l'avoue, parce que mes idées, sur certains points, s'écartent des leurs. La noblesse dont je sors est d'origine républicaine, comme presque toute celle de la contrée : nous étions les chefs d'un gouvernement populaire, et cela vous explique...

Il s'arrêta sur cette ébauche d'aveu, et se mit à parcourir rapidement, des yeux et de la main, les rayons de sa bibliothèque. Il prenait un livre, le posait sur la table, retournait, en prenait un autre, sans hésiter, sans se hâter. J'admirais l'aisance singulière avec laquelle ce jeune homme, en jaquette de drap anglais, né pour le sport et pour le grand air, correct comme un attaché d'ambassade, se mouvait dans ce monde d'érudition. Il m'apporta successivement un diplôme de Charles-Quint, des lettres de Leibnitz, des éditions rares des premiers glossateurs des écoles de droit italiennes, des œuvres superbement éditées aux frais de maisons princières, un Vitruve, un Tacite, un Dante, reliés à la façon romaine, en peau de truie à filets d'or. On sentait en lui mieux qu'un collectionneur. Il avait lu. Il feuilletait les volumes de cette main sûre qui retrouve sans effort la page saillante, la miniature précieuse, la note gravée en marge par quelque possesseur anonyme d'autrefois, scrutateur patient d'in-folio. Et cela l'absorbait si peu qu'il causait en même temps d'un tout autre sujet. A peine s'interrompait-il pour souligner d'un mot l'inventaire rapide de ses richesses bibliographiques, et, sitôt après, son esprit se remettait à courir librement dans cette voie que j'avais, sans le vouloir, ouverte devant lui. Il parlait des partis italiens, avec cette même passion qu'il avait eue la veille en parlant des alliances de son pays, mêlée cette fois d'un peu de mélancolie et d'amertume secrète.

— Nos divisions? reprenait-il, j'aurais dû dire notre émiettement. Je ne sais si vous l'avez remarqué : j'ai vu des étrangers qui s'imaginaient l'Italie presque entièrement acquise aux mêmes idées, parce qu'ils avaient, presque partout, entendu célébrer la grandeur et l'unité de l'Italie. Ah! les mots! Pas un dictionnaire ne donnera tous leurs sens aujourd'hui. Ils en ont trop. Les plus simples ne le sont plus, depuis que les situations et les esprits sont devenus si compliqués. L'unité, par exemple, cela signifie cent choses, depuis la fédération d'États jusqu'à l'unité avec enclave, jusqu'à l'unité sans réserve. Beaucoup de combinaisons se réclament d'elle, comme beaucoup de vos lois se réclament de la liberté. Où est la mesure de l'une ou de l'autre? Bien variable, n'est-ce pas? Parfois nulle. Il y a un trouble profond dans les mots, parce qu'il y en a un dans les esprits. La cause, chez nous, c'est la question romaine. Vous pourriez la saisir partout, dans la vie privée qu'elle inquiète, dans la vie intérieure qu'elle affole, dans nos relations extérieures qu'elle gêne. Et cela se comprend de soi. Puisqu'elle est à la fois politique et religieuse, par un côté ou par l'autre elle touche à tout notre organisme; elle éveille tous les souvenirs, elle met en jeu tous les intérêts, toutes les passions, toutes les consciences. J'ai deux de mes employés dont elle a fait manquer le mariage, et vous savez les ministres qu'elle empêche de dormir.

» Voilà une source de division qui rendrait déjà compliquée une classification des partis dans un pays quelconque, mais qui la rend presque impossible en Italie, où nous avons conservé le goût des nuances. Elles sont infinies. Chacun a la sienne. Aucun parti n'est d'une seule teinte, et n'a de limites précises. Mais tous ont un prolongement qui reproduit, en l'atténuant, la couleur principale, et la fond insensiblement, et l'unit aux couleurs voisines. L'œil s'y perd. Et je ne puis y songer sans revoir les papiers préparés sur lesquels je dessinais dans ma petite enfance, où le premier plan du ciel était bleu, où l'horizon était de feu, et l'intervalle si habilement nué, que je ne pouvais distinguer où finissait l'azur ni où commençait le rouge.

» Je ne puis donc vous donner qu'une idée très imparfaite de nos groupements politiques. Plusieurs de nos publicistes, qui se sont essayés sur ce sujet délicat, n'ont que médiocrement réussi. A plus forte raison n'y parviendrais-je pas, en quelques minutes de causerie avec vous. Cependant, puisque vous vous intéressez aux choses d'Italie, et cette réserve faite que toute énumération contient forcément une bonne part d'arbitraire, je crois qu'on pourrait compter chez nous cinq partis.

» Il y a d'abord des partisans des souverainetés purement politiques, ou mieux des souverains dépossédés par l'unification de l'Italie, ducs ou rois. Ils ne comptent guère, à vrai dire.

» On a répété à satiété que l'Italie est la terre des souvenirs. Mais la terre, vous entendez bien. Ce n'est que le sol qui les garde. Les âmes sont d'une autre sorte. Le passé n'a que peu de prise sur elles. Sans doute, il existe çà et là des familles qui tiennent encore, par des liens de reconnaissance ou d'honneur traditionnel, aux familles des grands-ducs de Toscane, des ducs de Parme ou de Modène; on rencontrerait en Sicile, à Naples, surtout dans le menu peuple, parmi les lazzaroni, les ouvriers du port, les paysans, des tenants convaincus du roi des Deux-Siciles, d'ardents séparatistes; mais ce ne sont que des individualités, ici peu nombreuses, là mal organisées, dans les deux cas, sans influence et sans représentants dans les Chambres. Ne vous y trompez pas: à l'exception des anciens sujets du pape, chez lesquels le loyalisme politique se trouve fixé et protégé par le sentiment religieux; à l'exception des Piémontais, qui savent tous l'histoire des quatre derniers siècles, et sont personnellement attachés à la Maison de Savoie, le sentiment, très noble d'ailleurs, qu'on a appelé chez vous le légitimisme, est à peu près inconnu en Italie. C'est un élément de psychologie plutôt qu'un facteur appréciable de notre politique.

» Il n'en est pas de même du sentiment religieux. Le parti catholique représente une force considérable, bien qu'il soit impossible de la mesurer exactement, pour une raison générale que j'ai dite et pour une autre encore. Il se trouve, en effet, dans une situation anormale. Plus combattu qu'aucun autre, il n'a pas la libre disposition de tous ses moyens de défense. Le Saint-Siège, pour des motifs d'ordre supérieur que je n'ai pas à vous rappeler, lui interdit de prendre part aux élections législatives. Voilà donc la lutte circonscrite au terrain communal. Est-ce pour cela qu'elle manque souvent de vigueur? Est-ce pour cela que les catholiques n'ont pas encore réussi, comme en d'autres pays, à s'organiser fortement pour une action commune? Certains le disent. Mais je crois que la vraie raison n'est pas là.

» Elle est dans la mollesse inhérente à tout le conservatisme italien. Les conservateurs sont timides, ils redoutent le bruit, ils sont gênés par la divergence de vues qu'amène, avec la variété des tempéraments, la lassitude des longues attentes. Croiriez-vous que parmi les moyens employés par les radicaux pour le triomphe de leurs listes figurent les promenades en musique? Oui, nous avons le trombone électoral, le saxophone alarmiste, la basse effarouchante. Le jour de l'élection, des bandes traversent les rues, soufflant de leur mieux des hymnes belliqueux, des fanfares où il y a du rouge. Ils savent bien que, à faire trembler les vitres, on fait quelquefois trembler ceux qui sont derrière elles. Le petit employé à douze cents francs qui habite sous

les combles, le boutiquier, le professeur de
piano, le dessinateur industriel, gens pacifiques,
de toutes les opinions douces, à les voir passer, à les entendre surtout, trouvent ces héros
inquiétants. Enveloppée par eux, une salle de
vote est-elle bien sûre? Il se sent pris d'indécision, d'influenza musicale : le bulletin de
vote lui tombe des mains. S'il est Florentin,
il reste chez lui ; s'il est Romain, il en sortira
avec sa femme, ses filles, son grand fils qui
est sous-secrétaire de secrétariat dans une administration publique, et jamais les vallons
d'Albano, les cascades de Tivoli, les prairies de
la Sabine n'auront eu plus d'admirateurs qu'en
ces jours où, dès le matin, des hommes sonnent
de la trompette, avec un accent redoutable.

» Il serait injuste de généraliser trop la critique. Les conservateurs italiens, — et par ce
mot, que je prends dans sa plus large acception,
je veux dire toutes les fractions de l'opinion jusqu'à celle de M. Crispi, — comptent des hommes
énergiques, dévoués, qui ne craignent ni d'agir
ni de se montrer, mais le manque de décision et d'entrain, l'apathie de la masse n'en
est pas moins un défaut trop certain.

» Le parti libéral n'en est pas exempt. Il se recrute surtout dans les universités, une partie de la bourgeoisie et aussi de la noblesse, qui n'a pas grandi tout entière, en Italie, sous le même manteau royal, qui n'a ni les origines, ni les traditions, ni l'esprit de corps de la vôtre. Ses opinions vous sont connues, et c'est ce qui me dispense d'y insister. Elles se rapprochent, en beaucoup de points, de celles des libéraux français. Supposez une gauche modérée, partisan de la monarchie : vous y serez à peu près.

» Derrière elle, on rencontre l'énorme parti gouvernemental. Il compte des convaincus, mais plus encore d'intéressés. Dans tous les pays du monde ce parti-là ressemble à une escadre d'évolutions : il voyage avec le pavillon amiral. Il ignore souvent où on le mène. Il y a des manœuvriers prudents, il y en a d'exaltés. L'amiral d'aujourd'hui l'a conduit loin, jusqu'aux extrêmes limites de l'anticléricalisme et du misogallisme. Et, comme dit la chanson, on ne sait quand il reviendra. Surtout, on ne sait pas où il abordera.

» Jusqu'à présent l'aventure est assez heureuse. C'est au moins un succès personnel incontestable. M. Crispi jouit d'une popularité, il provoque des enthousiasmes qu'aucun président du Conseil n'avait encore inspirés. En voilà un que ses défauts ont bien servi! Du premier coup, toute une portion de l'Italie a reconnu son homme. Avant lui, nous n'avions que de petits ambitieux. Un portefeuille: le conquérir, le défendre, le bien perdre pour le mieux reprendre, c'était un spectacle bien usé, encore applaudi, il le fallait bien, mais sans conviction, sans chaleur. Il a changé tout cela: dès son arrivée au pouvoir, on a vu un homme qui ne se contenterait pas d'un ministère, qui voulait jouer un rôle dans l'histoire, et pourrait le tenir. Il a affiché une grande ambition, une grande raideur, un grand appareil et de grandes relations. Dans un pays et dans un temps où l'effacement est assez général et l'amour-propre excessif, il a eu l'esprit de ne douter de rien. Sa fortune était faite. Elle semble extraordinaire, si l'on ne considère que le talent de l'homme, bien qu'il en ait, et plus qu'on ne l'a dit; elle s'explique aisément dès que l'on prend garde en quelle serre chaude cette graine a poussé, dans quel milieu de passions ardentes et concentrées, de vanités inquiètes et déçues elle s'est développée. Nous attendons la saison des fruits pour savoir le goût qu'ils auront.

» Au delà de M. Crispi, il ne reste plus qu'un dernier parti, que j'ai appelé le parti radical. Évidemment les hommes qui le composent sont séparés par des différences appréciables, mais une passion les réunit et permet qu'on les groupe ensemble sous la même dénomination : la haine de ce qui est. Ils fournissent le contingent de ces comités d'action qui, sous le vocable de Giordano Bruno, de Mazzini, de Savonarole, provoquent des réunions, signent des proclamations ou des pétitions, manifestent de toute manière et à tout propos. L'irrédentisme a ses plus fougueux apôtres dans leurs rangs. Ils ont pris la tête du mouvement contre la triple alliance. Leurs thèmes d'opposition sont habilement choisis. C'est le parti le plus remuant de l'Italie, on pourrait presque dire le seul remuant. Ses progrès n'alarment point, autant qu'ils le devraient faire, les serviteurs dévoués de la Maison de

Savoie, car il cache à moitié son jeu. Plusieurs de ceux qui le représentent au Parlement ne font pas une guerre ostensible à la monarchie ; ils peuvent passer à la rigueur pour une extrême gauche constitutionnelle. La république n'en est pas moins leur but, et ce parti qui agit, tandis que les autres dorment, gagne du terrain dans le pays. La misère vient à son aide, et l'on serait peut-être étonné, si quelque jour un mouvement éclatait, de trouver tant d'esprit préparés à des idées nouvelles. Il a des adeptes un peu partout. Néanmoins la disposition géographique de ses principaux foyers est assez remarquable. Ouvrez une carte d'Italie, suivez le chemin de fer qui traverse en ligne droite les Romagnes et s'en va dans les Marches, c'est la ligne même du radicalisme : Bologne, Faënza, Forli, Rimini, Ancône, sont les chefs-lieux du cinquième parti ; ajoutez-y, sur la Méditerranée, Livourne, dans la Lombardie, Milan, et vous aurez une idée à peu près exacte de la carte du radicalisme italien.

» Mais soyez bien convaincu, et je le répète, parce que c'est là un danger qui n'est point aperçu par tout le monde, que les campagnes elles-mêmes sont déjà attaquées par les doctrines révolutionnaires. Tenez, vous souvenez-vous d'avoir aperçu hier, du haut des collines où nous nous trouvions, une villa rose dans la plaine, derrière des lignes de mûriers? C'est un autre domaine qui m'appartient, une terre d'héritage. Nous sommes là depuis deux siècles, je puis le dire, très aimés. La plupart des propriétaires, d'ailleurs, — ceux qui s'occupent de leurs paysans, et ils sont nombreux à cause de la pratique presque générale du métayage, — sont comme nous estimés. Nous avons affaire à une population très intelligente, religieuse, attachée aux coutumes, mais vulnérable comme toutes les autres. Un député du parti radical, un des chefs de ce parti français qui ne prêche pas, croyez-le, que la haine de la triple alliance, était venu faire une conférence publique dans les environs de ce domaine. Il avait promis le prochain partage des terres, et les paysans, d'abord étonnés, l'avaient cru. Je l'ignorais. Le lendemain, comme je passais par là, je remarquai qu'ils ne me saluaient plus avec la cordialité habituelle; ils avaient des regards et des façons tout autres avec moi. J'interrogeai; on m'apprit la cause : dès le soir même, je convoquai tous les hommes des métairies dans une grande salle de la villa. Ils vinrent bien une centaine. Je me mis au milieu d'eux, et je leur parlai à ma manière, très familièrement, des mêmes questions que l'orateur radical avait traitées. Je leur dis que la propriété était respectable dans nos mains comme dans les leurs, et pour les mêmes raisons; que, pour être considérable, elle n'en était pas moins légitime; qu'un partage des terres, fût-il possible et fût-il juste, ne saurait avoir de durée, et que, le lendemain comme la veille, il y aurait des riches et des pauvres. J'insistai sur les moyens d'atténuer une inégalité que nul ne peut détruire : le travail, l'épargne, la bonne entente des métayers et du maître; je leur rappelai que je n'avais jamais refusé de les aider, et je terminai de la sorte : « Vous me connaissez depuis trente ans, n'est-ce pas? — Oui. — Avant moi, vous avez connu mon père? — Oui. — Avant lui mon grand-père? » Un vieillard se leva en pleurant et dit: « Ah! oui, je l'ai connu, c'était un bien honnête seigneur, et qui nous aimait. — Est-ce que nous vous avons jamais trompés ? — Non ! — Eh bien ! croyez-moi donc plutôt que ces hommes que vous ne connaissez pas, et qui ne vous ont jamais donné la preuve de leur sincérité ! » Alors, monsieur, ce furent des applaudissements, des cris, des larmes, une démonstration enthousiaste, très italienne, qui vous eût étonné, et qui me fit plaisir... Il n'en est pas moins vrai, vous le voyez, que nos paysans sont entamés... »

La conversation, ainsi détournée, nous ramena aux détails de la vie ordinaire. Le marquis m'entretint de ses travaux, de ses projets et de ses goûts ; de Pétrarque, pour lequel il a un culte ; de Joseph de Maistre, qu'il lit avec plus de passion que d'amour, — « un Italien pourtant, me disait-il, comme Bonaparte » ; — d'une merveilleuse église de village qu'il avait trouvée dans un état de délabrement complet, défigurée par des constructions parasites, avec des fenêtres murées, des fresques badigeonnées à la chaux, lamentable, et qu'il voulait restaurer à ses frais. « Voici le plan, disait-il. Suivez-moi bien. Ici, l'ancienne ogive reparaît. Là une colonne. Mon architecte est de Milan, et mes sculpteurs viennent de Palerme... » Et, tandis que je parcourais le dessin, je sentais ses yeux attachés sur moi. Il les avait très noirs, non pas de la grande espèce qui est veloutée, langoureuse chez les femmes, sombre et fixe chez les hommes, mais de l'autre sorte, petite, brillante, agitée de fièvre. Il épiait, avec une inquiétude évidente et excessive, un signe de désapprobation, ou d'indifférence seulement. Un sourire l'eût blessé au fond de l'âme. Je n'eus que des éloges pour son projet. Je le vis aussitôt vibrer d'un frémissement rapide. Une lueur illumina son visage. Et, en trois phrases, il m'en apprit davantage sur lui-même qu'il n'avait fait ce jour-là, en une heure de causerie.

— Le passé, me dit-il, c'est un refuge à ceux que le présent repousse ou qu'il décourage. Je m'y plais, d'ailleurs; je ne sais quoi d'ancien se mêle en moi à l'homme moderne. Quand je rentre la nuit au palais, sous les arcades pleines d'ombre, et que, dans le grand silence, dans le grand vide des rues, je lève la lionne de bronze, sculptée par Jean de

Bologne, qui sert de marteau à ma porte, il me semble être au xvie siècle, au temps audacieux, enthousiaste, élégant, où, parmi les passions en lutte, aucune énergie ne demeurait stérile.

Au ton dont il disait cela, à une sorte de voile d'émotion qui couvrait sa voix, j'apercevais qu'il souffrait très réellement d'être en dehors de la vie politique pour laquelle il se sentait né, où il aurait pu tenir un rôle distingué, éminent peut-être, et que j'avais devant moi un des représentants d'une fraction de la jeunesse italienne, écartée des affaires ou par devoir de conscience ou par dégoût des excès, intelligente et inutile, ardente et repliée sur elle-même, rêveuse beaucoup moins par nature que par défaut d'emploi.

Nous prîmes congé l'un de l'autre cordialement, avec cet « au revoir » que nous prodiguons si facilement, même au loin, tout pétris que nous sommes du besoin d'espérer. Je m'en retournai le long des rues, flânant encore par la pensée dans les divers domaines où la conversation nous avait menés. J'étais plein d'une sympathie que j'ai conservée pour mon hôte, dont l'accueil et l'esprit m'avaient également charmé.

Tout à coup une réflexion me vint, qui me fit rire. Il m'avait beaucoup parlé des opinions des autres. Mais la sienne m'échappait. Après une heure d'entretien, d'allure intime et abandonnée, je m'en allais sans savoir au juste ce qu'il pensait. C'était ma faute, en somme. Il avait répondu à toutes mes questions. Je n'avais pas posé celle-là. Mais j'avoue qu'à sa place un Français n'aurait jamais eu la force, ou l'adresse si vous voulez, ou la réserve de n'en rien dire.

VIII

Florence la nuit. — Une œuvre pie : *la Miséricorde*.
Les pigeons du Dôme.

Un soir qu'il pleuvait, vers huit heures, je me trouvais sur la place du Dôme, à Florence, entre Sainte-Marie-des-Fleurs, le Campanile de Giotto et le Baptistère tout de marbre noir et blanc, que Dante appelle « mon beau Saint-Jean ». La divine Florence était à peu près déserte, l'Italien craignant les brumes et les refroidissements. Appuyé le long de la grille qui protège la plus célèbre des portes de bronze de Ghiberti, je regardais, à la lumière tamisée des becs de gaz, ce buste que le sculpteur a fait de lui-même, dans une bande de l'encadrement, cette tête chauve, pleine et fine à la fois, où il y a de l'ouvrier et du poëte. Les arêtes des traits, toutes les parties convexes du modelé, usées par le frottement des poussières que le vent charrie, s'enlevaient en or sur le vert sombre du fond. Et tandis que mes yeux ne pouvaient quitter le portrait du vieux maître, aux rides éclatantes, je songeais à des ressemblances de son temps avec le nôtre. Je me disais que le sculpteur florentin, s'il revenait dans ce monde, y rencontrerait beaucoup de ciseleurs patients, ses émules, peintres, graveurs, écrivains, d'une inspiration souvent moins haute que la sienne, mais qui liment leurs œuvres, comme lui sa porte de bronze, avec un long amour, parmi des villes troublées et des passions multiples.

Tout à coup, à l'un des angles de la place, il y eut un flamboiement de torches en mouvement. Je regardai. Je n'ai rien vu de si lugubre que cet enterrement aux flambeaux qui passait comme une vision, sans autre bruit qu'une sorte de frôlement confus dans le vent. Quatre fantômes noirs emportaient un cercueil sur leurs épaules, un cercueil revêtu de draperies noires et or, d'où pendaient des roses en guirlandes. Une dizaine d'autres marchaient, à droite et à gauche, tenant des torches à la main. Tous étaient vêtus de même : d'un long sac de toile noire tombant jusqu'aux pieds, serré par une corde à la ceinture, la tête couverte d'un capuchon noir qui leur cachait entièrement le visage, et n'avait que deux trous pour les yeux. Un chapeau de curé leur pendait dans le dos. La croix les précédait ; quelques parents suivaient, débandés par la rapidité de la course. Et tout cela glissait très vite sur les dalles mouillées, enveloppé dans la fumée des torches, qui traînait derrière comme un voile flottant.

Je savais qu'à Florence les morts de médiocre condition s'en vont ainsi, le soir, jusqu'à l'église où les fossoyeurs viendront, la nuit, s'emparer d'eux. L'étrangeté de la scène m'attira. Je rejoignis le cortège de l'autre côté du Baptistère, au moment où les files se resserraient pour entrer dans une rue, et, m'approchant d'un des fantômes noirs, je lui demandai, tout en continuant de marcher près de lui :

— Quel est ce convoi que vous menez ?

— Celui d'une jeune femme.

— Pauvre ?

— Une marchande de fruits, qui s'était mariée l'an dernier. Son enfant lui a pris la vie.

Celui qui me parlait avait l'accent d'un homme distingué et cette jolie prononciation florentine, pleine d'aspirations. Sa barbe brune, bien peignée, sortait un peu de la *buffa* rabattue sur son visage. Évidemment, je n'avais pas affaire au premier venu. Je pouvais en demander plus long. J'ajoutai :

— Et vous-mêmes, qui êtes-vous ?

Il me regarda, pour voir s'il devait répondre, et, voyant que j'étais étranger, il dit à demi-voix :

— Nous sommes membres de la vénérable confrérie de la Miséricorde, une Œuvre toscane par excellence. Vous ne la connaissez pas ?

— De nom seulement, et je la croyais disparue, depuis le temps qu'elle vivait.

— Six siècles, dit-il en relevant la tête ; nous avons été fondés, au temps du divin

Alighieri, par un homme du peuple; mais nous n'avons pas décliné, si anciens que nous soyons, et nous comptons à cette heure encore quatre mille associés.

— Laïques?

— Des trois ordres : prêtres, nobles et bourgeois. Toutes sortes de gens honorables, pourvu qu'ils aient les qualités morales et la force requises, peuvent devenir confrères de la Miséricorde. Cependant les règlements font des exceptions pour les comédiens, les jongleurs, les savetiers, les revendeurs, et aussi les bouchers qui ne sont pas non plus, vous ne l'ignorez pas, reçus sans dispense dans les Ordres sacrés, *propter defectum lenitatis*.

— Rien que ce trait-là suffirait à prouver l'antiquité de vos origines.

— Il y en a bien d'autres! tenez : notre organisation. L'autorité, le pouvoir exécutif de l'OEuvre est confié à douze magistrats, en mémoire des douze apôtres, six *capitaines* et six *conseillers*. Leurs fonctions durent quatre mois. Et, dans chaque section, les trois ordres de l'État sont représentés : on y compte un prélat, deux simples prêtres, un noble et deux *grembiuli*.

— *Grembiuli?* Je ne comprends pas.

— C'est un vieux mot qui veut dire porteurs de tabliers, artisans, bourgeois. Au-dessous d'eux, soixante-douze *chefs de garde*, qui rappellent évidemment les soixante-douze disciples de Notre Seigneur, forment le corps principal, le noyau de la confrérie. Tous sont nommés à vie. Et, là encore, on retrouve les trois ordres : le clergé fournit trente chefs de garde, dix prélats et vingt simples prêtres; la noblesse en fournit quatorze; la bourgeoisie vingt-huit; en tout, trente ecclésiastiques et quarante-deux laïques.

— Élus, peut-être ?

— Toujours élus. A peine pourrait-on signaler quelques exceptions, comme l'archevêque de Florence et le prince régnant, qui sont membres de droit. Tous les autres ne parviennent aux honneurs, — et c'en est un très grand encore à Florence de faire partie des soixante-douze, — qu'après des années de stage et le vote des confrères. Nos règlements, nos usages, sont minutieux sur les questions d'élections, d'aptitude et d'étiquette. Je dirais même que l'esprit égalitaire de la vieille république y perce en maint endroit : dans la recommandation qui nous est faite de nous couvrir entièrement de toile noire, d'envelopper même le bas de nos pantalons, pour qu'il soit impossible de reconnaître les riches d'avec les pauvres ; dans cette règle encore que, si deux chefs de garde, l'un noble et l'autre *grembiule*, se rencontrent dans le même service, c'est le *grembiule* qui prend le commandement. Le simple prêtre aussi doit l'emporter sur le prélat.

— Vos chefs de garde, comme vous les appelez, payent une cotisation ?

— Les prêtres et les nobles, oui, monsieur ; ils payent un franc soixante-dix centimes par an, mais ils sont de plus astreints à faire, une fois dans leur vie, les frais de la fête de Saint-Sébastien, qui montent à douze cents francs. L'archevêque seul en est exempt.

— Mais alors vous avez un patrimoine ?

— Évidemment, d'anciennes fondations qui ont doté la confrérie.

— Et comment dépensez-vous les revenus de ce patrimoine ? Que sont les services dont vous parliez tout à l'heure ?

— De plus d'une sorte. D'abord, la Miséricorde distribue des dots à de pauvres filles du peuple. Mais beaucoup d'Œuvres italiennes en font autant, et ce n'est pas là le caractère original de la nôtre. Nous sommes surtout organisés pour le service des malades, des blessés et des morts. Nos confrères vont veiller les infirmes, la nuit, ou, pendant le jour, les changer de lit. A une heure fixée, ordinairement trois ou quatre heures de l'après-midi, suivant la saison, plusieurs compagnies sortent, avec des litières, de l'oratoire de la Miséricorde, en face du Campanile, et s'en vont par la ville, dans les maisons que leur indiquent les certificats des médecins, chercher les malades indigents et les conduire à l'hôpital. Le soir, nous portons, comme vous le voyez, les morts pauvres ou ceux de notre Œuvre. Enfin, à tout moment du jour ou de la nuit, nous sommes prêts à donner secours aux blessés, à ceux qu'un accident ou un crime atteint dans les rues. Plusieurs des nôtres se tiennent en permanence au siège de la confrérie. Nous sommes prévenus par le téléphone, par la rumeur publique, par des amis. La cloche de la tour de Giotto sonne, et nous courons. Vous n'avez jamais entendu la cloche de la Miséricorde?

— Je ne sais trop.

— Les Florentins la connaissent bien. Ils s'arrêtent pour l'écouter. Quand elle sonne un coup, cela veut dire : la confrérie est appelée pour un malade ; quand elle en sonne deux, cela veut dire : la confrérie est appelée pour un mort. Il y a deux jours, un homme a été frappé d'un stylet dans le ventre, le soir, à onze heures. On nous a tout de suite avertis, et nous sommes allés le relever, le porter à son domicile ; la police de Florence se décharge sur nous de ce soin-là, et ce que l'indifférence salariée fait ailleurs, vous le voyez, monsieur, c'est la pitié voilée qui le fait ici.

— En effet, vous ne devez recevoir aucune rétribution ?

— Aucune. Le règlement permet seulement aux confrères d'accepter un verre d'eau. Quant à nos magistrats, quand ils se réunissent, l'usage est de leur accorder un jeton de présence. Mais c'est si peu de chose !

— Quoi encore ?

— Une bougie! L'économe en reçoit deux.

Et de même, quand nos officiers sortent de charge, après quatre mois, ils ont droit, devinez à quelle indemnité? A une mesure de poivre en grains.

— Vous dites bien du poivre en grains?

— Mais oui; ce sont des souvenirs du temps où la chandelle était un objet de luxe et les épices une rareté.

— Et cela s'observe encore?

— A la lettre.

— En vérité, monsieur, répondis-je, on trouverait difficilement en France de pareils vestiges du passé. Je ne le dis pas pour nous vanter, au contraire; mais nous n'aurions plus la louable simplicité qu'il faut pour continuer la tradition de la bougie et du poivre en grains.

Nous traversions de petites rues bordées de maisons noires. Les torches passaient vite, éclairant une seconde les grilles bombées des fenêtres, des dessous de toits avançants, des gouttières d'où sortait un jet de pluie, comme une flamme, des silhouettes étranges de gens réfugiés aux encoignures des portes. Parfois cette lumière, soufflée en tous sens, tombait à flots sur les fleurs du cercueil, et je croyais apercevoir, au lieu des roses tressées, un pâle visage de femme emportée dans sa robe flottante.

Je me retournai vers mon compagnon.

— Faisant le bien que vous faites, lui dis-je, et depuis si longtemps, vous devez être populaires à Florence?

— Certainement. Il est rare qu'un Florentin rencontre, sans les saluer, les compagnies de la Miséricorde. Les soldats leur portent les armes. Et les plus grands personnages s'honorent d'appartenir à la confrérie. Ainsi, le roi Humbert est un de nos capitaines.

— Le roi Humbert !

— Lui-même. Sur le tableau de nos dignitaires, que l'on pourra vous montrer au siège de l'Œuvre, vous trouverez le nom et la date : « Humbert Ier, roi d'Italie, 17 novembre 1878. » Ce jour-là, il est venu à l'oratoire, il a revêtu la *cappa*, et s'est couvert de la *buffa*, selon l'usage. Il a même, depuis, gratifié la confrérie d'un tableau représentant saint Sébastien. Le grand-duc de Toscane faisait plus encore : il se mêlait à nous, et, sans être reconnu, au milieu de nos rangs, portait parfois, sur ses épaules de souverain, les pauvres morts de sa ville. L'archevêque de Florence, le syndic, marquis Torrigiani, d'autres personnages, d'opinions variées, sont agrégés à la Miséricorde.

— Comme membres honoraires, probablement? Car, enfin, monsieur, il est difficile de rencontrer, dans une grande ville quelconque, plusieurs milliers d'hommes, non pas pour patronner une Œuvre, — la chose n'a rien pénible, — mais pour remplir effectivement des missions aussi humbles, aussi rebutantes, parfois même aussi dangereuses que les vôtres. Avouez que tout ce monde n'est pas assidu?

— Vous vous trompez, reprit mon compagnon, assez vivement. Lorsqu'une épidémie éclate, et nous en avons eu, tout ce monde comme vous dites, — nobles et bourgeois, prêtres, ingénieurs, campagnards, gens de plume ou de commerce, — rivalise de zèle. Le nombre des présents est, à ces heures-là, toujours supérieur aux besoins du service: en temps ordinaire, il est toujours suffisant.

Et il ajouta, d'une voix où je devinais le sourire de ses lèvres cachées :

— Florence est une aimable ville, à coup sûr, élégante et artiste. Elle aime le plaisir et les fêtes, mais croyez-bien qu'il existe, au fond de ce cœur léger, des trésors de charité et de religion qu'on n'y soupçonnerait pas.

A ce moment, sur un signe d'un autre fantôme noir, celui qui me parlait quitta la file, et prit la place d'un des porteurs de la jeune morte, que je laissai s'éloigner, avec ses guirlandes secouées du vent, dans l'étonnant décor des rues sombres et des torches.

Je m'en revins lentement, sous la pluie toujours fine, songeant à cette Œuvre pie de la Miséricorde, une des plus anciennes et des plus nobles que va détruire, sans respect des services rendus, sans même un prétexte d'utilité, le projet de loi de M. Crispi. Je songeais aussi que le vieux Ghiberti, le maître dont tout à l'heure j'avais la pensée occupée, avait dû voir exactement le même spectacle auquel je venais d'assister, le même appareil funèbre peut-être dans les mêmes rues... Et cela me ramena, sans que j'y prisse bien garde, sur la place du Dôme. Arrivé là, comme je levais les yeux, une dernière fois, avant de rentrer, du côté du Baptistère, je découvris, posées çà et là sur les arêtes du toit de marbre, de petites bosses rondes que je n'y avais pas remarquées dans le jour.

J'eus un instant d'hésitation, puis je me mis à rire malgré moi, par besoin sans doute d'oublier cette morte prochaine. Comment ne les avais-je pas reconnus plus tôt ? C'étaient les pigeons de Sainte-Marie-des-Fleurs, dont, le matin même, un Florentin colombophile m'avait conté l'histoire. Et cette histoire vaut bien que l'on dise un mot d'elle, intimement liée qu'elle est à celle d'un des plus grands événements artistiques de Florence.

Vous saurez donc qu'il existe, dans la capitale de la Toscane, des pigeons d'aussi bonne maison que ceux de Venise. Les voyageurs ne parlent pas d'eux, et c'est une injustice, car ces oiseaux sont de noblesse, vrais ramiers féodaux, dont les ancêtres habitaient les tours des principaux palais, celles des Adimari, des Cerchi, des Sassetti, des Amieri. Quand les tours furent rasées, vers le xvııe siècle, ils émigrèrent, et choisirent pour demeure la coupole de Brunelleschi et le Campanile de Giotto, en bêtes fières qu'elles étaient, et pour cette autre raison profonde que donnait déjà Columelle, à savoir que cette sorte de volatiles est particulièrement réjouie par la couleur blanche du marbre.

Tout alla bien jusqu'en ce siècle. Puis les mauvais jours arrivèrent. « Il en est pour les colombes aussi bien que pour nous, » me disait mon ami. Des maux qu'il m'énuméra, les pièges et la chasse dans les champs, toutes sortes de maladies au pigeonnier, décimèrent la colonie. On put la croire finie. Elle devint si réduite qu'on apercevait à peine les rares survivants, perdus dans l'immense développement des toits, des clochetons, des coupoles, tristes d'ailleurs, et plus qu'à moitié atteints par le malheur de leur race.

Ce fut, comme je l'ai dit, un véritable événement qui rendit aux vieilles places de Florence leurs tourbillons d'ailes grises ou blanches.

Au mois de mai 1887, il y eut de grandes fêtes à l'occasion du centenaire de Donatello et de l'inauguration de la façade de Sainte-Marie-des-Fleurs, entièrement refaite sur les dessins de l'architecte de Fabris. Les réjouissances durèrent dix-sept jours. Vers le milieu, le 12, eut lieu la bénédiction de la façade nouvelle, en présence du roi, de la reine, du prince de Naples et d'une foule immense. La chronique raconte qu'à dix heures les premières toiles qui cachaient l'édifice commencèrent à tomber. Un bijou de marbre polychrome, ajouré, dentelé, fouillé en ses moindres parties, apparut aux yeux florentins. L'admiration du peuple se traduisit d'abord par un silence profond, puis par des acclamations enthousiastes. Toutes les cloches de la ville se mirent à sonner. Celles du Campanile donnaient le branle. Et, comme il fallait bien que les voisins prissent part à la joie commune, tout à coup, à dix heures quarante-trois minutes, — voyez la précision, — on lâcha quatre cent cinquante pigeons voyageurs, qui s'en allèrent porter la nouvelle à Modène, à Reggio d'Emilia, à Borgo-San-Donnino et ailleurs.

Seulement, on ne trouve pas quatre cent cinquante messagers fidèles. Des couples paresseux ou fascinés restèrent. D'autres revinrent. Et c'est pourquoi vous trouverez aujourd'hui d'innombrables pigeons à Florence. On les rencontre partout. Mais on dirait qu'ils se sont divisé la ville, et partagés en deux couleurs : les gris affectionnent le Dôme, les blancs perchent surtout aux Offices. Expliquez cela, si vous pouvez. Pour moi j'émets un simple doute : peut-être, avec ce goût artiste répandu en Toscane, les gris ont-ils jugé que leur robe un peu sombre ne ferait pas mal dans les niches étincelantes de la façade nouvelle, et les autres que des flocons de plumes blanches, volant d'une colonnade aux créneaux d'une tour moyen âge, égayeraient la masse trop sévère des **Uffizi** et du **Palais-Vieux**.

IX

Assise.

La ligne directe de Florence à Rome ne passe pas par Assise. A la station de Terontola, elle oblique à l'ouest, atteint Chiusi, traverse Orvieto, et trouve le Tibre, dont elle suit le cours troublé jusqu'aux portes de la Ville Éternelle. L'autre ligne est moins fréquentée. Le voyageur qui la prend doit user de patience, se consoler en pensant aux merveilles que d'autres, plus pressés, ne verront pas, attendre ainsi qu'un train omnibus veuille bien se former et l'emmener, s'il est artiste ou pèlerin, ou les deux à la fois, vers Pérouse, Assise et Foligno.

Assise m'attirait.

J'avais quitté Florence à onze heures du soir, par une nuit pluvieuse, si bien que du lac Trasimène, au nom doux et célèbre, je ne pus pas même apercevoir un roseau, toute clarté de lune ou d'étoiles étant, cette nuit-là, voilée de brume. Enfin, vers cinq heures du matin, j'entendis les syllabes que je guettais : « Assisi », prononcées le long de la voie par des employés assoupis. Je descendis sur le quai : j'étais le seul voyageur à destination d'Assise. Trois ou quatre omnibus attendaient. Je pris l'un d'eux, si grand qu'il aurait pu contenir toute une section de l'Institut, et qui m'emmena, au travers de la campagne glacée, en compagnie de deux garçons d'hôtel réfugiés à l'intérieur à cause du froid, enveloppés dans leurs couvertures, immobiles et les yeux luisants. Ils auraient pu servir de modèles pour un tableau de jeunes brigands. Au bout d'une demi-heure environ, la voiture monta une rampe bordée d'oliviers tout gris dans le brouillard, et s'arrêta devant l'hôtel *del Subasio*. Sans entrer dans l'auberge, je continuai de monter une trentaine de pas. La rue qui, derrière moi, descendait déserte, noire, sans une tache de constructions neuves, finissait là, et devant moi s'ouvrait un cloître, une vaste place ceinte de colonnes et de toits que blanchissait la première aube. J'avançai un peu. A l'extrémité, se dégageant de la brume, un couvent, une église à campanile levaient leur masse énorme. Quelques maisons fuyaient à droite, en groupes lamentables, le long d'un pré vague qui aboutissait à l'église et qui dominait le cloître. Pas un être humain, rien que des pierres, assemblées ou en ruines, qui toutes avaient des siècles de soleil, de pluie et d'immobilité. Je regardais ces murs vénérables, au travers desquels tant de prières s'étaient élancées, les unes jetées hardiment par la foi des saints, les autres timidement murmurées par une âme inquiète, troublée, cherchant la paix. Je pensais aux foules innombrables qui avaient passé là, qui étaient venues, comme je venais moi-même, attirées par le sourire de saint François. Le vent commença à souffler de la plaine, et je me réjouis, par avance, du paysage que, de ces hauteurs, je pourrais contempler bientôt. Un cheval entravé descendit, tout seul, par une ruelle, et se mit à paître l'herbe du pâtis. Une cloche sonna, d'un ton grave, la messe de six heures. Je me dirigeai vers l'entrée de l'église basse, qui est de plain-pied avec le cloître, comme celle de l'église haute est au niveau du pré. Deux églises l'une sur l'autre ! Il y en a même trois, comme on sait, avec la crypte creusée dans les profondeurs de la colline. Et deux des trois, tout au moins, sont du même siècle, le XIIIe, qui les a bâties sans repos, dans son enthousiasme pour le saint qui avait revendiqué les droits de « Notre-Dame la Pauvreté », et, reprenant les leçons du Maître, l'avait proclamée glorieuse, joyeuse et mieux que la richesse fiancée aux espoirs divins.

Il faisait sombre dans l'église basse, divisée par de gigantesques piliers. A cause d'eux, l'œil ne l'embrasse pas tout entière. Elle se révélait lentement à moi, chapelle par chapelle. Ses fresques, dans le jour affaibli, n'avaient guère que la valeur de dessins à peine teintés. Elles célébraient, avec la sincérité de l'art ancien, les prophètes, les sibylles, la vie de sainte Marie-Madeleine, celle de sainte Marie l'Égyptienne, la gloire des trois vœux de l'ordre séraphique, pauvreté, obéissance, chasteté, celle-ci représentée si joliment par Giotto, sous les traits d'une jeune fille dans une tour que garde la Bravoure. Cette sincérité, cette foi du peintre en son sujet, faisaient l'unité de toutes ces œuvres dues au pinceau de dix peintres, et que diversifiait, en effet, la fantaisie d'âmes bien différentes, les unes sévères, portées vers les scènes où éclatent la crainte, la force ou le néant humain, les autres délicates, élégantes, harmonieuses, éprises de la vie, mais de la vie ennoblie, transfigurée, où passent les anges, où les miracles abondent, où l'on sent dans l'humanité qui s'agite, souffre, prie, se réjouit ou meurt, toute la quantité de divin qu'elle peut tenir.

Ainsi, faisant le tour de l'église basse, dans cette sorte de crépuscule où elle doit être plongée une partie du jour, j'arrivai à une chapelle, près de la sacristie. Un moine franciscain y commençait la messe; un autre la servait. Deux pauvres, un homme et une femme, agenouillés sur les dalles, inclinés, formaient toute l'assistance. Ce devaient être des amis particuliers du saint. L'homme surtout, vêtu de haillons qui formaient houppelande et s'arrondissaient autour de lui sur le sol, avait bien l'air de ces perpétuels pèlerins de la misère, habitués et tranquilles dans une condition qui paraît affreuse à tant de gens. Ils ne se détournèrent ni l'un ni l'autre pour voir l'étranger qui arrivait, et qui s'agenouilla entre eux, tout pénétré de la poésie de cette vraie messe de saint François.

Oui, je me sentais dans le rayonnement de cette grande figure du saint qui, prêchant l'espérance aux pauvres, leur a donné la paix, et l'a donnée par eux à plusieurs siècles. J'étais tout enveloppé de son image, de son culte, de ses moines et de ses adoptés. Il me revenait des fragments de ses discours, de celui qu'il adressait aux poissons de la mer à Rimini, aux hirondelles du château de Savurniano, qu'il envoya d'un signe aux quatre vents du ciel, de ses remontrances au frère Massée ou au frère Léon, et les locutions aimables dont il se servait pour attirer à lui, jusqu'à commencer une réprimande en appelant le coupable « ma chère petite brebis ».

Il me revenait aussi à l'esprit des traits de cette pauvreté qu'il avait aimée, et qui semble plus naturelle et moins triste qu'ailleurs sur la terre d'Italie. Je revoyais une autre église, lumineuse et décorée celle-là de toutes ses parures de fête, la basilique de Saint-Pétrone de Bologne. Le cardinal y entrait au son de la musique. La foule le suivait; elle montait avec lui les degrés de pierre bordés de balustrades qui exhaussent le maître-autel, et se massait autour, agenouillée, assise, accroupie, foule mêlée de bourgeois et de loqueteux, familière, démonstrative, où chacun cherchait à s'approcher le plus près possible. Point de service d'ordre, point de cordon tendu ni de places réservées au premier rang. Il semblait que le cardinal dût être gêné par cette presse populaire. Mais il y était fait sans doute, et n'en paraissait pas ému. A côté de moi, une pauvre femme et sa fille étaient agenouillées. Devant elles, il y avait un paquet enveloppé d'une serviette. La mère le prit, l'ouvrit, et en tira une petite nappe qu'elle plia en deux sous les yeux de tout ce monde. Puis, relevant l'enfant, et la plaçant devant elle, elle se mit à attacher le linge blanc sur la tête de sa fille, avec un certain goût et l'évident souci de faire des plis bien égaux. Grâce à une douzaine d'épingles, cela finit par tenir. Quand elle eut achevé, elle embrassa la petite, et la considéra d'un air de contentement. Je me demandais la raison de cette toilette en public. Je l'eus bien vite. Pendant que je regardais ma voisine plier et fixer sa nappe blanche, une quinzaine d'autres mères, à droite et à gauche de l'autel, en avaient fait autant. Tout un groupe d'enfants mignonnes, graves, s'avançaient vers le cardinal. Elles avaient des robes de toutes les couleurs, point neuves pour la plupart, et toutes, sur leur tête blonde ou brune, un morceau de toile pliée, en guise de voile. C'était une confirmation. Et je pensai aux petites du pays de France, qui ont toutes, ce jour-là, même les plus pauvres, un vêtement de mousseline acheté, donné ou prêté, et qui vont, avec un sourire si doux et si fier, au milieu de la foule toujours un peu émue sur leur passage.

Le prêtre termina la messe. Les deux mendiants se levèrent, et sortirent, l'heure étant venue d'aller chercher le pain qu'ils avaient demandé là. Je me levai aussi, et, conduit par un frère, je montai par un escalier intérieur jusqu'à l'église haute. Quand il poussa la porte, je me trouvai transporté dans un monde nouveau. Plus de piliers massifs, plus d'ombre : des voûtes élancées, des fenêtres partout, une sorte de Sainte-Chapelle qui me parut tout à jour et posée en plein ciel. La lumière y tombait à flots, symbole voulu peut-être de la vie triomphante, au-dessus du crépuscule de la vie terrestre et de l'ombre épaisse du tombeau. Sous cette averse de rayons, le double rang de fresques dont les murs sont couverts s'enlevait éclatant. Les élèves de Giotto racontaient la vie de saint François, et Cimabüe traduisait l'Apocalypse. Oh ! le clair atelier ! Avec quelle allégresse ils devaient travailler, dans cette niche de pierre inondée de lumière et de chaleur ! Les heureuses gens que ces vieux maîtres ! Je les enviais. Le petit frère m'en laissait le temps. Nous étions seuls, lui et moi, dans l'église déserte, sans ornements, sans rideaux, — car le culte s'y célèbre rarement, — et nous allions, sans nous hâter, d'une fresque à l'autre. De temps en temps il murmurait : « Cette vingt-huitième est de Giotto, celle-ci de Cimabüe, celle-là de Gaddo Gaddi ». Mais tout de suite il se taisait, connaissant que la peinture ne se démontre pas. Il laissait pieusement l'émotion de ces pages me gagner, en homme qui a compris lui-même, et qui sait comment cela vient. Et je ne pouvais m'empêcher de trouver qu'ils étaient heureux les vieux maîtres. Ils peignaient ce qu'ils croyaient, ce que croyait unanimement, autour d'eux, une multitude douée du sens le plus exquis de la légende et de la foi. Le merveilleux leur était familier. Ils le traduisaient sans effort, comme une intime et constante pensée. Ils étaient sûrs que cette pensée serait saisie jusqu'en ses nuances, par tout un peuple enthousiaste de l'art religieux. Et cette certitude d'être compris n'était qu'une de leurs joies. Ils en avaient une autre. En traçant sur le plâtre frais, sur la toile, sur la pierre, la figure des saints, des anges, de la Vierge, du Christ, ils faisaient une œuvre d'art, mais aussi une œuvre de foi. Quelque chose de la gloire de Dieu se mêlait à leur gloire. Ils se sentaient comme un mérite d'apôtres. Et ils s'en allaient joyeux de laisser après eux plus que des preuves de leur génie : quelque chose comme une parole harmonieuse et sainte, fixée pour des siècles, qui soulèverait des âmes, et les ferait plus pures, plus consolées, plus chrétiennes.

Quand je me retrouvai dehors, dans le pré qui s'étend devant l'église, le soleil était haut déjà. Il dorait, en face de moi, les maisons à demi ruinées, habitées cependant, que j'avais aperçues du cloître. Je pris par là, et je m'engageai dans une rue grimpante où éclataient, avec le plus parfait mépris de la symétrie et des réparations, quelques traces d'ancienne splendeur. Car, au milieu des masures, des escaliers effondrés, des cours semblables à des puits, entrevues au travers d'une baie cintrée, tout à coup un pan de mur aux fenêtres sculptées, une tourelle d'un joli mouvement, une porte aux ferrures monumentales, se dressaient et parlaient d'un passé où la misère n'habitait pas toute seule cette rue écartée. Bientôt j'arrivai, montant toujours, à une porte de la ville. Je la franchis, et je me mis à longer les remparts, à l'extérieur, dans l'espoir de trouver un sommet d'où je pourrais apercevoir, — c'était mon rêve depuis le matin, — toute Assise et toute la vallée à mes pieds. Mais la muraille filait toujours, très haute, à ma droite, au-dessus du remblai planté d'oliviers et de maigres arbustes que je suivais. Je pris le parti de l'escalader, et, grimpant sur des moellons à demi déchaussés qui faisaient saillie par endroits, j'arrivai sur la crête.

Oh! cette petite ville religieuse et guerrière, comme elle est bien posée! Elle développe en demi-cercle, à moitié de la montagne, ses maisons toutes anciennes. Sa citadelle démantelée, isolée sur un mamelon, dit qu'elle fut redoutable, et deux églises, aux deux extrémités, rappellent les saints qu'elle vit naître. A droite, c'est l'église de Saint-François et le couvent des Franciscains, monument énorme, bâti, faute de place, hors de la colline, sur des arcades prodigieuses, et qui semble un viaduc tout à coup rompu dans la plaine. A gauche, c'est l'église de Sainte-Claire, la sœur spirituelle de saint François. Au bas de la ville, couvrant le pied de la montagne, une forêt d'oliviers. Puis la vallée, la terre brune plantée de vignes qui courent sur des souches d'ormeaux et semée de fermes aux toits rouges. Enfin, tout à l'horizon, le cercle fermé des montagnes, nuancées de tous les bleus, selon la distance, et la hauteur, et les nuages qui passent, les unes d'azur pâle, d'autres bleu de roi, d'autres sombres comme des blocs de lapis. Au milieu d'elles, Pérouse, éclatante de blancheur, regarde la ville du grand pauvre. Et, sur tout cela, un ciel transparent, un air léger, je ne sais quelle suavité répandue qu'on a justement appelée la douceur ombrienne.

Quand j'eus longuement joui de ce paysage, un de ceux assez rares où, rien n'attirant spécialement le regard, l'esprit plane et se repose, je descendis, et je me trouvai, au pied du rempart, tout près d'une cabane que je n'avais pas remarquée. Une petite fille d'une dizaine d'années me considérait avec stupéfaction. Derrière la cabane, quelques mètres de terre entourés d'osier où poussaient des fèves. Par la porte entr'ouverte on apercevait une chaise, un lit de feuilles et un saladier posé par terre. Ce devait être tout le mobilier. « Eh bien! petite, demandai-je, est-ce que tu es seule ici? — Oui, me répondit-elle d'un air dur. — Où sont donc tes parents? — Je n'en ai pas. — Ton père est mort? — Non, il est parti. — Et ta mère? — Elle est partie aussi. — Tu n'as pas de frère ou de sœur? — Si, une sœur grande qui reviendra ce soir. » Avec ses yeux durs d'enfant malheureux, elle me faisait pitié. « Si le saint vivait encore, songeai-je, il s'en irait trouver les parents de cette petite. Il courrait après eux jusqu'à ce qu'il les découvrît, et il ramènerait ces mauvais cœurs, comme il sut toucher celui du loup de Gubbio, une bête plus méchante pourtant que la moyenne de son espèce, et qu'il amena bonnement en laisse, toute pénitente et convertie. » Pendant ce temps-là, l'enfant, qui devait avoir peur, qui devait me soupçonner de vouloir toucher à ses fèves mûres, s'obstinait à me montrer du doigt le sentier passant au large. Je lui mis dans la main une pièce blanche. Elle ne bougea pas, ne remercia pas, mais elle me regarda avec une expression d'étonnement et de joie sauvage à fendre l'âme.

Je rentrai dans la ville, et je la traversai dans sa longueur en suivant la rue principale. C'était bien l'aspect moyen âge deviné de là-haut : nombre de boutiques minuscules pressées dans l'étroite enceinte des murs, de rares palais aux balcons de fer bombés, pas une maison neuve, beaucoup de bruit et de mouvement, de beaux types anciens, larges et calmes, surtout chez les femmes. Des jeunes filles, coiffées de rouge, pieds nus dans la poussière, montaient de la plaine portant sur la tête des corbeilles d'arbouses. Un marché se tenait sur une petite place, devant un ancien temple de Minerve, aux six colonnes intactes. Et d'en haut, par les ruelles, des mules ornées de sonnailles, enfouies jusqu'aux oreilles sous les branches, amenaient le bois de la montagne.

Comme la journée s'avançait, je dus quitter Assise. Lentement, à regret, je descendis au travers des massifs d'oliviers, puis dans la plaine. Vingt fois je me retournai pour voir encore la vieille cité, avec sa belle écharpe verte et sa couronne de montagnes bleues. La dernière, ce fut sur un petit tertre, au milieu de la vallée. Le tertre portait une ferme. Pendant que j'étais là, debout, tâchant de fixer à jamais dans mon souvenir les moindres détails de ce paysage qui allait s'effacer de mes yeux, cinq petits enfants s'approchèrent. Ils devaient venir de la ferme. En les voyant m'entourer, une femme jeune encore, aux traits droits, qui cueillait des feuilles d'ormeau, se mit à sourire. Je reconnus que c'était la mère, et qu'elle pensait : sont-ils gentils! « Tous les cinq sont à vous? lui demandai-je. — Mais oui, monsieur, j'ai souffert pour eux tous. — Ils vous le rendront en joie. — Et en misère aussi, » dit-elle en riant. Puis, craignant que je ne me méprisse sur sa réponse, elle ajouta gravement : « C'est une grosse famille, mais je ne m'en plains pas : Dieu les envoie, Dieu y pourvoit. *Dio li manda, Dio vi provvedrà.* »

Et je m'en allai songeant que, cette fois, le bon saint François eût été satisfait, et qu'il eût béni la mère avec les cinq petits, de cette main qui appelait les foules, et que le Seigneur Jésus avait marquée lui-même de la blessure d'un clou.

X

Observations psychologiques à propos de Massaoua.

Il est impossible, quand on traverse l'Italie, de ne pas s'occuper un peu de Massaoua, ou plutôt de la colonie Érythrée, comme l'a baptisée son parrain M. Crispi, dans un décret rendu le 1ᵉʳ janvier 1890, pour les étrennes du peuple italien. L'expédition coloniale des bords de la mer Rouge fait autant de bruit au delà des monts qu'en a fait le Tonkin chez nous; les journaux parlent d'elle; quelques livres, hâtivement écrits, racontent son histoire; l'imagerie en répand les scènes principâles, et parfois, traversant une place ou une rue de Florence, de Milan, de Rome, on aperçoit un officier du corps expéditionnaire, très élégant et très regardé dans sa vareuse de toile de couleur fauve, avec ses galons bleus, son écharpe retombant sur le sabre, ses bottes et son casque de liège à plumes.

La première chose qu'on se demande, c'est pourquoi les Italiens sont allés se planter là, dans la région la plus inhospitalière peut-être du globe, sur une côte brûlée par le soleil, où les nuits mêmes sont suffocantes ; pourquoi surtout, désireux d'avoir un pied-à-terre en Afrique, au lieu de le choisir avec portes et fenêtres sur la grand'route, ils l'ont pris au milieu de cette mer Rouge qui n'est plus, depuis le bombardement d'Alexandrie, qu'un long corridor anglais, d'accès presque impossible en cas de guerre, avec Aden à un bout et Suez à l'autre. Oh! c'est là une question difficile. Les conjectures ne manquent pas. Mais trouver la bonne, la vraisemblable seulement, est chose délicate, pour cette cause peut-être que les gouvernements ne sont pas toujours guidés par ce qui s'appelle une raison.

Ils ont leurs nerfs et leurs caprices. Avant de devenir une affaire grave, Massaoua ne fut peut-être au début qu'une jolie fantasia. Qui sait? M. le sénateur Jacini, qui cache de l'esprit sous la phrase majestueuse et l'appareil in-quarto de son volume, énumère, dans ses *Pensieri sulla politica italiana*, diverses sortes d'établissements d'outre-mer : il y a des pays conquis, déjà riches et peuplés au moment de la conquête, comme l'Inde, Java, la Cochinchine; il y a ceux où la population exubérante de la métropole va s'établir et fonder une seconde patrie, le Canada, la Nouvelle-Zélande, l'Australie; il y a les postes militaires servant d'escales aux nations maritimes, sur la route de colonies lointaines; il y a des lieux de déportation pour les condamnés et des comptoirs de commerce. Dans quelle catégorie rentre Massaoua? Dans aucune, répond l'honorable sénateur: c'est une création mégalomane; nous avons voulu avoir des colonies comme tout le monde, mais nous arrivions en retard, et nous n'avons eu qu'un os, un os desséché, qui a nom Massaoua.

Que la mégalomanie soit la cause de l'expédition ou l'une des causes seulement, il est sûr que cette passion, qui n'est pas sans noblesse, s'en est trouvée doucement flattée. La pensée que l'Italie devenait puissance coloniale a réjoui une partie des Italiens, ou plutôt une partie de l'âme de tout Italien. Mais ce n'a pas été une joie sans mélange. Quand on a su les fatigues, les maladies, les guet-apens auxquels étaient exposés les jeunes soldats du corps expéditionnaire, et pour quel enfer ils avaient quitté le beau pays, — *il bel paese*, un mot qui revient sans cesse dans les récits de nos voisins, comme la « doulce France » dans nos chroniques d'autrefois, — les mères, les sœurs, les fiancées italiennes se lamentèrent, et leurs plaintes eurent un écho profond dans le pays. Les Italiens sont tous un peu mères sur ce point. Extrèmement impressionnables, ils n'ont pas, ou ils n'ont plus l'habitude de ces guerres lointaines. Beaucoup d'entre eux n'étaient pas même soumis, avant l'unité, au service militaire, dont l'obligation n'existait ni dans les duchés, ni dans les États romains, ni même, on peut le dire, à Naples, et cela leur paraît plus monstrueux qu'à d'autres, ce tribut de jeunesse et

d'argent qu'il faut fournir aux contrées
d'Orient, en échange des protectorats. Nous y
sommes faits, nous autres. Ce n'est pas d'hier
que nos matelots, nos fantassins et artilleurs
de marine, nos chasseurs, nos zouaves, s'en
vont mourir obscurément, aux extrémités du
monde, d'un accès de fièvre ou d'une balle de
sauvage. Quelques familles prennent le deuil.
On pleure çà et là, dans une maison de faubourg, dans une ferme côtière, où la disparition soudaine d'un homme n'est pas, hélas,
chose nouvelle. On reçoit, comme une relique,
le livret de l'enfant, ou le petit coffre orné
d'un cœur rouge qui renfermait ses vêtements
de congé. Aucun écho ne s'éveille autour de
ces douleurs isolées. La patrie ne s'en trouble
pas. Qu'est-ce pour elle? A peine un épisode
de sa vie de vieille nation guerroyante et colo-
nisante. Il faut de vraies guerres, comme
celle du Tonkin, pour qu'elle s'émeuve et crie.
Encore la politique s'en est-elle mêlée, de
cette alerte du Tonkin. Mais, là-bas, c'est une
cruelle nouveauté. Elle apitoie tout le monde,
les amis et les ennemis du gouvernement.
Depuis le massacre de Dogali, les Italiens vi-

vent dans un état continuel d'appréhension. L'Italie coloniale ne leur déplaît pas, mais le sang de leurs fils les touche davantage. Ils ont peur d'autres surprises. L'opinion, sans cesse inquiète, est comme prête à se soulever, et le gouvernement le sent si bien qu'il en est gêné, qu'il procède avec une lenteur et une circonspection qui seraient, sans cette cause, inexplicables, qu'il n'hésite pas, enfin, à désavouer les actes d'audace de ses généraux, ceux mêmes qu'il a ordonnés ou encouragés, après des années d'inaction. « Arrivés à Massaoua, sans aucun but précis, a dit le député Plebano, sans savoir jusqu'où on voulait aller, ce qu'on voulait faire, nous nous sommes laissé guider par le vent qui soufflait d'Afrique, mais surtout par celui qui soufflait d'Italie. »

Rien n'est plus vrai, et les faits le prouvent. Ils montrent, dans l'opinion italienne, une nervosité dont nous ne sommes pas exempts nous-mêmes, différente pourtant de la nôtre, et par certains caractères accidentels, et par son intensité, et par ses conséquences. Ils peuvent donner lieu à une petite étude psychologique, toujours intéressante, croyons-nous, quand il s'agit d'une race, et plus encore quand cette race est celle de nos voisins. Car l'expédition de Massaoua est la première qu'ils aient entreprise, comme nation, et les qualités dont ils ont fait preuve, les défauts qu'ils ont révélés dans cette aventure coloniale se retrouveraient évidemment les mêmes dans une guerre européenne.

Prenons une période seulement, la plus accidentée, dès lors la plus curieuse. Nous sommes en 1887. Les Italiens occupent Massaoua depuis deux ans. Ils n'ont pas rencontré d'obstacles sérieux ; ils se sont contentés d'embellir la ville, de s'y établir fortement, de la protéger d'un réseau, peut-être trop étendu, de forts détachés, lorsque, le 26 janvier, au matin, une colonne de cinq cents hommes, envoyés de Monkullo pour ravitailler la garnison de Saati, attaquée la veille, est surprise en chemin et anéantie par des milliers d'Abyssins. Les soldats se battent en désespérés, corps à corps, assommant l'ennemi à coups de crosse, lorsque les munitions, rapidement dissipées, font défaut. Les officiers donnent l'exemple ; plusieurs même s'élèvent au-dessus du courage commun, et font acte de héros, témoin le lieutenant-colonel de Cristoforis qui, dit-on, blessé et mourant, commanda aux derniers hommes valides de présenter les armes pour saluer leurs camarades tombés pour la patrie. Le désastre n'en était pas moins grand : la dépêche officielle du général Gené accusait vingt-trois officiers et quatre cent sept soldats tués, un officier et quatre-vingt-un soldats blessés.

En Italie, l'émotion fut immense, et elle devait l'être. Les journaux accusèrent le gouvernement et l'imprévoyance des chefs ; on cria vengeance ; on demanda l'envoi de renforts immédiats et l'organisation d'une colonne expéditionnaire qui, prenant vigoureusement l'offensive, anéantirait les troupes du ras Alula, et vengerait le drapeau italien. C'était encore tout naturel et, sauf un peu d'exaltation méridionale, un spectacle qu'ont offert, les unes après les autres, vingt nations, dont la nôtre.

Mais voyez comment les peuples, même dans ces heures de colère où ils devraient se ressembler le plus, restent fidèles aux nuances de leur tempérament ! Chez nous, après Lang-

Son, le ministère Jules Ferry est renversé. Après Dogali, les Italiens crient tout autant contre le leur, mais, en gens pratiques et ennemis des violences, au moins en action, ils le gardent.

Dans les deux pays, on parle de revanche ; mais savez-vous ce qui se mêle, en Italie, à ce premier cri de la nature? Au lendemain des désastres, avant que rien ait été fait pour venger les morts, quand leurs cadavres sont encore dépouillés par les Abyssins et déchirés par les hyènes, on propose de leur élever un monument! Au plus fort de la douleur, il faut que le côté artiste de l'âme italienne se révèle. Ce besoin d'exprimer matériellement, de fixer dans le bronze ou la pierre le deuil qui remplit le cœur, le reconnaissez-vous? C'est le même qui peuple les cimetières de Gênes et de Turin de si étranges sculptures : veuves en longs voiles, ressemblance garantie par le praticien, représentées dans toutes les attitudes de la désolation, de l'espérance, de la prière, à genoux sur les marches du tombeau de l'époux, debout et inscrivant son éloge, courbées et frappant du doigt à la porte du caveau funèbre; familles d'orphelins en marbre, au complet, les grands fils le haute-forme à la main, les jeunes filles éplorées, les petits enfants haussés sur la pointe des pieds, entourant tous le lit où repose le père ; tout un monde de vivants enfin, qu'on peut rencontrer souriants dans les rues de la ville, mais qui ont voulu perpétuer, au moins là, dans le Campo-Santo, le souvenir de leur visage en larmes. La dépense est grande, on n'y regarde pas. C'est un goût déplorable, à mon avis, assez touchant néanmoins, et distinctif de cette race italienne, nerveuse, portée à traduire au dehors, sous toutes les formes, ses sentiments les plus intimes et les plus vrais.

Voilà donc l'expédition vengeresse décidée, du moins il est permis de le croire. Les départs de renforts se succèdent. Mais on commence par perdre un temps énorme en préparatifs. Il semble qu'on n'ose plus confier à personne l'honneur et la responsabilité de prononcer le mot fatal : « En avant! » A peine nommés, les commandants en chef sont rappelés : Saletta remplace Gené ; San Marzano remplace Saletta. Tout le printemps et tout l'été se passent, sans que le ras Alula ait à se repentir le moins du monde du guet-apens où il a fait tomber les soldats de l'Italie. Enfin, le corps expéditionnaire est au complet ; il est muni de tous les perfectionnements que l'art de la guerre a pu inventer : Massaoua possède des ballons captifs, des réflecteurs électriques, des fortins transportables en acier, système Spaccamela. L'ordre de marche est donné dans la nuit du 8 au 9 décembre. La brigade Baldissera fait quatre kilomètres, puis s'arrête à Monkullo. Elle y reste cinquante-deux jours employés en travaux de fortification. De là, elle se porte à cinq ou six kilomètres en avant, à Takbad, qu'elle fortifie encore. Cela demande vingt jours. Le 26 janvier 1888, jour anniversaire de Dogali, sans qu'aucun ennemi se soit opposé à sa marche, la colonne italienne entend une messe en musique et un discours du général San Marzano sur le lieu même où sont tombés cinq cents héros, l'année d'avant. Le 1er février, on fait encore quatre heures de route, et on s'arrête à Saati.

Ainsi, une année entière s'était écoulée, sans que l'armée italienne eût tiré vengeance, même par un fait d'armes secondaire, de l'échec que lui avait infligé le ras Alula. Elle avait très lentement réoccupé, sans coup férir, les positions abandonnées au lendemain de la défaite, et c'est tout.

Il serait injuste d'accuser la bravoure des officiers. L'extrême chaleur du climat, si elle explique en partie ces retards, ne justifie pas une conduite aussi hésitante et aussi timorée de l'expédition. Quel est donc le vrai coupable en cette affaire? Ne serait-ce pas, comme le dit M. Plebano, le vent qui soufflait d'Italie? Ne serait-ce pas cette impressionnabilité excessive du tempérament italien, agissant, par action réflexe, sur les conseils du gouvernement?

Je me souviens d'avoir rencontré en chemin de fer un lieutenant qui revenait de Massaoua, un tout jeune homme imberbe, au visage presque féminin, d'humeur gaie et de bonnes façons. Et comme je lui demandais ce qu'il avait fait là-bas : « Rien, me répondit-il. J'ai campé trois mois dans la vallée : nous brûlions comme sous une chape de feu. Puis nous sommes allés dans la montagne : nous gelions la nuit. J'ai pris les fièvres. Elles ne m'ont pas lâché de quarante jours. J'étais devenu une sorte de squelette. Alors le général m'a donné congé. En arrivant à Port-Saïd, la fièvre m'a quitté. Je ne l'ai plus, et demain je vais revoir « la mamma mia », et manger des pâtes à la maison, et dormir dans un lit ! »

L'ennui, la nostalgie terrible que parvient seule à dissiper l'ivresse d'une bataille, ou l'imminence perpétuelle du danger, a dû sévir, en effet, d'une manière particulièrement cruelle sur les enfants de l'Italie. Les rapports officiels n'en disent rien, naturellement. Si l'on ne consulte qu'eux, l'esprit des troupes est toujours excellent et l'hôpital à peu près désert. Mais on réunirait facilement des témoignages qui prouvent, au contraire, que sous ce soleil brûlant, si loin du beau pays, brisés par les fatigues sans combat de cette campagne qu'on a pu appeler une grande manœuvre prolongée, les soldats italiens deviennent d'une extrême excitation nerveuse. Leur défaut naturel s'y développe, et s'y montre à l'état aigu. Et, sans recourir à d'autres modes de démonstration, il est certain qu'une pareille disposition physique peut seule expliquer des faits comme ceux ci, que j'emprunte au récit de MM. Gustave Chiesi et Jules Norsa : *Huit mois d'Afrique.*

Le 4 mars 1888, à la tombée de la nuit, deux fusées sont tirées du fort Marguerite, et donnent le signal d'alarme. Tous les forts sont avertis, tous les soldats courent aux armes. Dans la nuit, le correspondant d'un journal italien se rend au fort Marguerite, qui est une position avancée. Il demande des explications au commandant sur l'escarmouche qui a mis en émoi la colonie entière, et celui-ci lui répond à peu près en ces termes : « Hier soir, le lieutenant de garde au petit poste numéro 2 aperçut, à un kilomètre et demi de lui, une colonne ennemie qui marchait vers le fort ; examinée avec la lunette, elle parut être de mille cinq cents hommes précédés de quatre ou cinq chefs à cheval, qui se distinguaient par leurs vêtements blancs. Le lieutenant se replia ; je regardai à mon tour, et, voyant que la masse s'avançait toujours, je donnai l'ordre d'ouvrir le feu : sept coups à mitraille ont suffi pour la faire battre en retraite. En ce moment où je vous parle, une patrouille est à relever les morts. »

Renseignements pris, les cadavres ennemis étaient ceux de douze pauvres bœufs, et la colonne un innocent troupeau destiné à l'approvisionnement d'un des forts.

Les quatre ou cinq chefs à cheval, en vêtements blancs, font rêver, n'est-ce pas?

Une autre fois, dans la nuit du 27 au 28 mai 1888, une fusillade s'engage, à trois kilomètres d'un ouvrage fortifié. Feu à volonté, feu de salve : on prend encore les armes. Le ballon captif monte, par le clair de lune, pour reconnaître les positions de l'ennemi. Le réflecteur électrique fouille le terrain, et les Alpins de la grand'garde, se retirant devant l'ennemi, se renferment derrière les murailles d'acier d'un fortin Spaccamela. Qu'y a-t-il donc? Du fond de la vallée, une voix de stentor s'élève, et l'on reconnaît celle du lieutenant-colonel Francesconi, chargé de l'inspection des avant-postes. Un moment après, le lieutenant-colonel lui-même arrive au fort, et le dialogue suivant s'échange entre lui et le commandant :

— Où est la grand'garde? demande-t-il.

— Rentrée dans le fortin, selon les instructions.

— Sur qui a-t-elle tiré?

— Sur une patrouille ennemie à cheval.

— Allons donc, c'était moi !

Je ne cite pas ces faits, — et l'on pourrait en citer d'autres, celui de Dogali, par exemple, où le feu fut imprudemment ouvert à mille huit cents mètres, — pour le facile et mesquin plaisir de raconter une aventure plus ou moins piquante sur le compte de nos voisins. L'expédition du Tonkin leur fournirait, au besoin, une réponse aisée. Non, la seule morale que j'en veuille tirer, c'est que le soldat italien, issu d'une race impressionnable, s'est montré à Massaoua, et continuera de se montrer en campagne, à un degré moindre sans doute, mais toujours appréciable, un soldat trop nerveux.

Voilà un point qui ne me semble guère douteux.

Pour le reste, je n'ai pas été surpris d'entendre les hommes qui ont vu à l'œuvre les Alpins et les bersagliers sur le sol africain s'accorder à louer les qualités nombreuses, la belle tenue, la bravoure, l'obéissance au milieu des plus rudes fatigues, de ces « pauvres enfants bruns de la glèbe ou de la boutique ». J'ai retrouvé cette note sous la plume des journalistes de toutes les opinions, des officieux et des opposants, de ceux qui ont jugé la guerre du coin de leur table verte et de ceux qui l'ont suivie en qualité de correspondants, mais nulle part plus formelle, ni plus frappante, que dans un passage où elle se trouve mêlée à une critique amère du corps des officiers. Il s'agit d'une simple phrase extraite d'une préface. Celui qui l'a écrite appartient au parti démocratique. Il s'est fait un certain nom dans le journalisme au delà des monts. Je ne prétends pas que son opinion fasse autorité, mais elle ne saurait être absolument négligeable. Or, voici comment il résume le livre, le pamphlet plutôt dont je citais tout à l'heure le titre et les auteurs :

« De toute la folie africaine, dit-il, du commencement à la fin, si l'on examine les faits à la lueur du plus élémentaire bon sens, il résulte ceci : nous avons des soldats aussi bons, aussi braves, sobres, disciplinés, enthousiastes de leur patrie, ardents pour la gloire, qu'aucun autre pays du monde; mais le gouvernement est si dépourvu d'intelligence et de sens pratique, l'administration si pauvre de vues, la majeure partie des officiers tellement incapables de toute autre chose que de se faire tuer bravement, que tout le courage, la discipline, l'amour de la patrie et de la gloire que nos soldats ont au cœur, ne servent de rien. »

Lorsque je lus ces lignes, — j'étais encore dans cette chère Florence, — je les soupçonnai tout de suite d'une double exagération, en bien et en mal. Évidemment elles avaient un cachet de passion politique. Ce que j'avais lu, ce que j'avais pu observer de l'armée italienne me donnait non pas une certitude, mais une impression différente de celle-là. D'autre part, il n'y a pas de si méchant livre qui ne contienne une part de vérité. Je me disais que trois Italiens ne peuvent émettre, sur un sujet aussi délicat que celui de l'armée nationale, un jugement diamétralement opposé au sentiment public. Et je ne savais trop que penser, lorsqu'un hasard heureux me fit rencontrer et connaître un officier supérieur d'une puissance étrangère, amené en Italie par deux mois de congé. Je le vois encore, assis sous la tente rayée d'un café, et promenant sur la foule des passants cet œil bleu des races du Nord, plein d'un soleil plus pâle, tantôt étonnamment rêveur, tantôt impérieux et dur, qui eût suffi à faire deviner son origine et jusqu'à son métier. Je lui montrai la boutade sur l'armée de Massaoua.

— Êtes-vous de l'avis de ce journaliste? lui dis-je. Est-ce que les soldats italiens vous semblent si merveilleux et leurs officiers si mauvais?

— Pas tout à fait, me répondit-il. Pour être exactes, les choses devraient être autrement formulées. Je connais bien ce pays-ci : j'ai assisté, en qualité d'attaché militaire, à plusieurs de ses grandes manœuvres. Si vous voulez mon opinion, la voici. Les officiers sont, en général, des hommes de belle tenue, courtois et de relations personnelles agréables: un officier mal mis est une exception; le type caporal et soudard est à peu près inconnu. Vous serez étonné, par exemple, de voir l'un d'eux, en uniforme étincelant, entrer au café, prendre un verre d'eau, laisser un sou sur la table et s'en aller. On les paye, d'ailleurs, assez mal, et ils se recrutent quand même assez bien, dans la petite bourgeoisie surtout. Ce qui leur manque, ce qui manque, du moins, à beaucoup d'entre eux, c'est une instruction solide, un peu l'esprit de corps, un peu aussi cette qualité toute militaire que nous nommons le commandement, et qui est à l'autorité ce qu'est l'entrain au courage : une aigrette. Quelques chefs la possèdent, sans doute, comme il y en a d'instruits, mais en petit nombre. En revanche, ils mènent les hommes avec plus de douceur que les officiers allemands, russes ou français. Le tempérament des soldats s'y prête, il faut le dire. Ils sont plus malléables, plus dociles que la majorité des soldats d'Europe. Le séjour des grandes villes ne les a pas gâtés; ils ne sortent pas de ces promiscuités d'ateliers, de ces usines qui corrompent jusqu'à la moelle une partie des conscrits, dans les pays d'industrie. Sans doute, leur impressionnabilité leur nuirait dans une guerre offensive; l'homogénéité est loin d'être complète dans leurs rangs; ils ne manœuvrent pas toujours avec l'ensemble désirable. Mais ne vous y trompez pas : le soldat italien vaut mieux que sa réputation. Bien conduit, il se battrait bien. Et il l'a prouvé plusieurs fois, notamment dans la guerre d'Espagne, où la colonne du général Reille, vous vous le rappelez, était en grande partie composée de Piémontais et de Toscans...

Il s'arrêta un instant, comme font souvent les étrangers vis à-vis des Français, quand la conversation les amène à des questions brûlantes.

— Eh mon Dieu! ajouta-t-il, après un silence, qui sait aujourd'hui si ce n'est pas précisément le plan des alliés, je ne dis pas d'encadrer les soldats italiens avec des officiers allemands, mais des régiments d'Italie avec des régiments d'Allemagne, sous la direction suprême du grand état-major? Je ne suis pas dans le secret des dieux, ni même dans celui des hommes, mais l'hypothèse a été discutée, soyez-en sûr, et peut-être accueillie.

XI

La ville et le territoire de Massaoua. — Les alliés de l'Italie.
L'avenir de la colonie Érythrée.

Il ne sera peut-être pas sans intérêt ni sans utilité, après ce que j'ai dit de l'expédition de Massaoua, de dire encore quelque chose de la ville même et de la colonie, des transformations qu'a subies l'une, de l'avenir que peut attendre l'autre.

Je n'en parlerai pas *de visu*, naturellement : je n'ai point eu l'occasion, ni même la tentation de visiter le nouvel établissement italien de la mer Rouge. Mais je résumerai l'opinion des témoins bien informés, assez peu connue en France, du moins quant aux détails, celle notamment du député Achille Plebano, dont la brochure : *les Possessions italiennes en Afrique, impressions et notes de voyage*, a fait sensation au delà des Alpes. L'auteur est de ceux qui inspirent confiance : il est modeste, et il est sérieux. Ni l'imagination ni la passion politique ne semblent l'égarer. Ses intentions paraissent pures, empreintes même d'un certain scrupule parlementaire. Il nous expose bonnement que, ayant lu mille appréciations et récits contradictoires au sujet des affaires d'Afrique, il s'est résolu à aller voir par lui-même ce qu'il en était, qu'il a séjourné dans la ville pendant vingt jours en deux fois et couru le territoire avoisinant tout un mois, n'épargnant ni temps ni fatigue, étudiant la situation sous tous les aspects avant de la juger ; qu'enfin, il publie ses notes afin de rectifier les assertions fantaisistes que, pendant son absence, une foule de journalistes indiscrets lui ont, paraît-il, attribuées. On n'est pas plus honnête.

Nous suivrons donc, de préférence, M. le député Plebano.

Chacun sait que Massaoua est située sur un îlot de corail d'environ mille mètres de long sur trois cents de large, relié par une digue à un second îlot, celui de Taulud, lequel est, à son tour, relié par une autre digue à la terre ferme. La position, par elle-même, était singulièrement favorable à la défense. Les Italiens l'ont rendue inexpugnable. Ils ont relevé les ouvrages construits sous la domination égyptienne et qui tombaient en ruines, ceux de l'île de Taulud, ceux de la presqu'île de Ghérar, dont le canon bat de flanc la grande digue. Puis la ville, immédiatement protégée, a été enveloppée d'un réseau de forts avancés, construits sur la côte et desservis par des routes stratégiques : forts d'Abd-el-Kader, d'Otumlu, de Monkullo, de Victor-Emmanuel, du Roi-Humbert, décrivant, sur le front de Massaoua, un large demi-cercle d'où il est peu vraisemblable aujourd'hui que les troupes italiennes puissent être délogées.

En même temps, la ville s'embellissait. Les cabanes des nègres tombaient pour faire place à des constructions européennes. Les rues s'éclairaient : un vieil aqueduc, intelligemment réparé, amenait au cœur de la cité une eau suffisamment abondante et saine; Massaoua perdait en partie sa physionomie orientale, et prenait cet air de civilisation toujours un peu factice et disparate des colonies militaires. Vrai miracle de transformation, dit M. Plebano, pour ceux qui ont connu Massaoua il y a quelques années. Quant au voyageur qui s'y rend pour la première fois, « il ne peut manquer d'en recevoir une agréable impression. On part d'Italie avec l'idée d'arriver dans un pays presque désert, parsemé çà et là de rares cabanes et privé de tout confort de la vie : mais c'est tout autre chose qui s'offre à nos regards... Celui qui débarque dans le port de Massaoua, assez vaste pour donner abri même aux navires de fort tonnage, ou gagne la colonie du côté de la terre, peut s'imaginer qu'il entre dans une ville populeuse. Et si, à certaines heures du matin, ou vers le coucher du soleil, on parcourt la digue qui unit Taulud à Massaoua, pleine de gens de toute couleur et de toute robe, si on passe la soirée à écouter la musique sur les ouvrages qui protègent le front de la ville, ou enfin, si l'on se rend au joli cercle militaire construit à côté du palais du Gouvernement, où des centaines de joyeux officiers viennent passer leurs heures de repos et de liberté, on peut réellement se figurer qu'on se trouve à l'Ardenza de Livourne, ou à la promenade de Chiaia à Naples, surtout dans les mois de novembre à mars, quand à la splendeur du soleil tropical ne s'ajoute pas une chaleur suffocante, mais qu'il souffle un air tiède, comme celui du premier printemps dans le midi de l'Italie. »

Toutefois, ajoute l'auteur, cette admiration n'a qu'un temps. Sans doute, Massaoua s'est transformée ; mais qui a fait ce miracle? Le gouvernement. Des maisons se sont construites à la place des paillotes, mais aux frais des contribuables. Ce qui a changé l'aspect de la ville, ce qui l'anime et la fait vivre d'une vie superficielle, c'est l'administration publique, c'est l'occupation militaire. Laissée à elle-même, Massaoua redeviendrait promptement la médiocre bourgade qu'elle était jadis. L'initiative individuelle s'y montre peu. Les capitaux italiens n'osent pas encore s'y risquer. Le commerce est demeuré absolument ce qu'il était avant l'expédition, et cela pour deux raisons : l'absence d'industrie, la petite quantité de produits destinés à l'exportation ou réclamés par l'importation, d'une part, et, de l'autre, la mauvaise organisation des transports.

Une seule fois par mois, un navire à vapeur, nolisé par le gouvernement, fait un service direct entre l'Italie et Massaoua. Mais il ne prend pas de marchandises, même au retour. Le trafic doit donc chercher d'autres voies. Il lui en reste deux. On peut charger les marchandises à Massaoua, sur les bateaux-poste qui font le service entre Suez et la colonie, les acheminer ensuite par voie de terre de Suez à Alexandrie, les recharger alors sur de nouveaux paquebots subventionnés qui correspondent avec Naples. Mais ce système de crochets et de transbordements n'est pas, on le conçoit, sans de nombreux inconvénients. On peut encore attendre à Suez les courriers des Indes. Seulement, la malle des Indes n'a pas toujours une place libre : elle passera sans rien prendre, et laissera les colis s'avarier sur les quais.

Ce n'est pas très encourageant.

Il y a cependant quelques hommes hardis qui ont réussi à fonder des établissements assez prospères à Massaoua et à tirer parti des deux produits principaux du pays : les peaux de bœufs, de chèvres et de moutons, et la nacre achetée aux pêcheurs et expédiée à l'état brut, principalement à Trieste, qui a comme le monopole de ce commerce. L'un d'eux a été lestement crayonné par MM. Chiesi et Norsa, dans leurs *Huit mois d'Afrique :* « Dans la mer Rouge, disent-ils, de Geddah à Souakim, de Suez à Aden, d'Hodeida à Assab, il n'y a pas un Arabe, pas un patron de barque, pas un pêcheur de perle ou de nacre, dans tout le territoire de Massaoua, et au delà, à l'Asmara et à Keren, il n'y a pas un indigène, marchand de peaux ou de gomme, qui ne connaisse Skander. Skander, corruption arabe d'Alexandre, n'est pas autre que le négociant de Livourne, Alexandre Seror, le roi des négociants de Massaoua... C'est un des types les plus singuliers qu'on puisse imaginer. La longue vie à Massaoua, le continuel contact avec les indigènes de toute race, lui ont donné une apparence orientale. Quand on le voit, quand on lui parle, il a toujours l'air enveloppé d'une sorte de torpeur, de somnolence. Il nage continuellement dans un nuage de fumée de cigarette. Mais ne vous fiez pas à cette espèce de dormeur éveillé : si vous croyez le mettre dedans, en affaires, il vous y aura mis dix fois avant que vous vous en soyez douté. Observer Skander lorsqu'il traite avec les Arabes qui lui veulent vendre des perles ou de la nacre, ou changer de l'argent, c'est tout un poëme. Étendu sur un divan ou sur un siège indien, il écoute ses interlocuteurs sans jamais parler. Il fume comme une locomotive, offre des cigarettes ou du café aux clients qui l'entretiennent, puis, tout à coup, apercevant un ami, il se lève, prend son chapeau, sort, et s'en va au café, sans même honorer d'un mot les Arabes ou Indiens qui continuent leur monologue. Ceux-ci demeurent la bouche ouverte, attendent patiemment son retour, et fument régulièrement toutes les cigarettes qu'ils trouvent sous la véranda. L'attente se prolonge parfois des heures. Mais, quand il rentre, Skander, en les retrouvant, leur dit d'une seule parole : *taib*, c'est bien, ou *mafisc*, non, que l'affaire est conclue ou refusée. Et les autres se retirent, en se confondant en salamalecs. »

Ni le roi des négociants, ni ses collègues, n'enrichiront beaucoup, d'ici quelque temps, le Trésor italien. M. Plebano donne le dernier budget de Massaoua: un million huit cent quatre-vingt-douze mille quatre-vingt-quinze francs quatre-vingt-huit centimes de recettes contre un million six cent cinquante-huit mille quatre cent soixante-douze francs quatre-vingts centimes de dépenses, dont huit cent soixante et onze mille francs employés en travaux publics. Si petits que soient ces chiffres, ils semblent satisfaisants : le budget se solde par un léger excédent; une partie des sommes dépensées se retrouve dans les embellissements de la ville. Malheureusement, on n'y tient pas compte de la moindre dépense causée par l'occupation militaire et, de plus, la majeure partie des recettes provient des droits perçus par la douane sur les marchandises importées par les fournisseurs de l'armée, droits qui majorent, évidemment, les prix des fournitures, et sont, en définitive, remboursés, sous une autre forme, par le gouvernement qui les perçoit.

Mais il y a l'avenir, dira-t-on, et tout d'abord le commerce de l'Abyssinie pacifiée et des tribus indépendantes, riches en troupeaux, qui parcourent ses frontières. On a fait, à ce sujet, des prophéties séduisantes. Au début surtout de la campagne, beaucoup d'Italiens voyaient, en ouvrant leur journal, des ruisseaux pleins de paillettes d'or tomber en cascades des hauts plateaux de l'intérieur vers les rives de Massaoua.

Illusions, dit M. Plebano. L'Abyssinie qui comptait, il y a seulement vingt ans, environ sept millions d'habitants, n'en a plus guère que trois millions, d'après les plus récents calculs. « Il m'est arrivé de voyager pendant des journées entières sans rencontrer personne. Les villages qu'on trouve, à de grandes distances l'un de l'autre, ne sont qu'une réunion plus ou moins nombreuse de cabanes habitées par des gens dont l'aspect seul trahit l'évidente misère. » Pauvres et sans cesse appauvris par les razzias qui sont les petits bénéfices de tout homme de quelque valeur en Afrique, les Abyssins n'ont pas le loisir ni les moyens de concourir au développement économique de l'Italie. Les hommes s'habillent d'un caleçon, les femmes d'une chemise bleue; ils se nourrissent les uns et les autres de grain concassé entre deux pierres, pétri avec un peu d'eau et cuit sous la cendre. Ils courent comme des gazelles, à moins qu'ils ne dorment audevant de leurs cases. Toute leur ambition ne paraît pas s'élever au delà d'un peu d'hydromel, les jours de fête. Que voulez-vous vendre à de pareilles gens, qui n'ont pas même l'idée de changer de fournisseurs? Une maison italienne, qui a essayé de lutter contre les chemisiers du pays, n'a pas eu de succès.

Et que pourra contre un pareil état de choses Menelick lui-même, Menelick, roi du Choa, qui s'est couronné récemment *Negus Negesti*, roi des rois? Le seul fait bien positif, le seul geste important de ce noir descendant de la reine de Saba paraît avoir été, jusqu'ici, d'emprunter trois millions à ses alliés. « La mystérieuse et redoutable Afrique, disait un ministre italien, s'ouvre à nous, amicale et confiante ; il est mort celui qui, malheureusement pour lui, n'avait voulu voir en nous que des ennemis ; les populations sont lasses de guerres intestines ; l'Éthiopie, désormais presque entièrement pacifiée, nous tend la main en la personne d'un prince jaloux de civilisation, etc... » C'est vrai que Menelick a tendu la main. Mais, depuis qu'il l'a retirée pleine, on n'entend plus guère parler de lui. « J'ai même eu l'occasion de constater, écrit M. Plebano, que, dans beaucoup de ces pays qui devraient être plus ou moins sous sa domination, il n'est pas même connu de nom. Et tandis qu'en Italie on parle officiellement d'un puissant souverain, à Massaoua, où la question s'étudie d'après les réalités, on commence presque à se demander si Menelick n'est pas un mythe créé par l'imagination et accueilli par la bonne foi. » Les journaux parlent constamment de sa grande marche en avant, avec trente mille, cinquante mille ou même cent mille hommes. Et rien ne vient. Ils ont eu beau, pour lui donner du cœur, faire mourir, par cinq ou six fois, son terrible adversaire, le ras Alula, le roi des rois ne sort pas de sa politique, dont on peut dire au moins qu'elle est très réservée. Mais de là à conclure qu'il n'existe pas, qu'il n'est qu'un simple mythe, il y a loin. L'auteur des *Possessions italiennes en Afrique* nous paraît tomber dans l'ironie amère et l'exagération. Menelick inexistant! N'est-ce pas à Florence que j'ai lu ce diplôme signé de son nom? Le souverain est représenté couvert de son superbe chapeau de paille royal; à côté de lui, son épouse, aux bandeaux aplatis sur les tempes, puis le jeune héritier de la couronne et, au-dessous, ces lignes, qui furent primitivement du choan : « Nous, Menelick II, roi du Choa, etc., par cette lettre, recommandons à Joseph Guallerotti, de Florence, qui fait des sirops, des bonbons et de bonnes liqueurs, de fabriquer ces trois bonnes choses pour nous, et l'autorisons à mettre nos armes sur la porte de son établissement. » Et cela est daté de la cité d'Entotto, 18 avril 1886.

Toutes les authenticités ne sont-elles pas réunies dans ce document humain?

Quant aux autres alliés, les Beni-Amar et les Habab, nul n'a jamais mis leur existence en doute. Ce sont deux tribus de pasteurs musulmans et nomades, l'une de quarante mille, l'autre de vingt mille individus, fréquemment en guerre avec les Abyssins, qui les rançonnent de leur mieux. L'Italie a traité avec leurs chefs, un peu comme l'Angleterre avec les rajahs de l'Inde : elle les pensionne, mais à moins de frais. Le chef des Beni-Amar reçoit trois cents thalers, soit environ mille francs par mois. Celui des Habab, Kentibay Hakmet, est venu à Massaoua, le 25 octobre 1887, et là, en présence de tous les notables et des officiers supérieurs de la colonie, il a juré amitié aux Italiens; moyennant quoi, ceux-ci doivent lui payer deux mille francs par mois, plus quelques petites pensions, de moindre importance, à certains de ses vassaux. On a fait cela, dit M. Plebano, dans le but d'attirer à Massaoua le commerce de la région, et de faciliter le passage des caravanes qui, du Soudan, se dirigeraient vers nous. Jusqu'à présent, cependant, ce commerce se réduit à bien peu de chose. « Dans un tableau statistique que je dois à la courtoisie du directeur de la douane, je trouve comme produit du droit de 1 1/2 pour cent qu'on a convenu de percevoir, et qu'on perçoit, en effet, sur les marchandises destinées aux Habab ou venant de chez eux, du 1ᵉʳ juillet à la fin de novembre 1889, pour l'importation sept cent quarante-six francs soixante-dix-sept centimes et pour l'exportation trois cent quatre-vingt-douze francs soixante-sept centimes.

Décidément, l'Abyssinie n'offre pas encore ces larges débouchés que l'on avait rêvés. Fût-elle conquise, — les Italiens sont très capables et, au fond, très désireux de la chose, — qu'il faudrait encore beaucoup de temps pour rendre rémunératrices des relations commerciales qu'on peut considérer comme à peu près nulles aujourd'hui.

Il y a bien le Soudan égyptien, le Soudan dont le commerce, avant les bouleversements que l'on sait, se chiffrait par une soixantaine de millions. La gomme du Kordofan, le sésame, les peaux, la cire, les plumes d'autruche du Darfour, le coton, l'ivoire, l'indigo, le riz, étaient l'objet d'un trafic important. L'Italie ne pourrait-elle pas en attirer une partie vers Massaoua? Elle y a sûrement pensé. Peut-être y réussira-t-elle. C'est le secret de l'avenir. Toutefois, elle aura fort à faire pour lutter contre la concurrence anglaise, qui draine déjà les produits du Soudan par deux voies, celle du Nil et celle de Souakim, moins longue que celle de l'Abyssinie et, dès lors, préférée par les caravanes.

Comme on le voit, du côté commercial, l'entreprise coloniale de nos voisins ne donne guère lieu qu'à de lointaines espérances.

Peut-on se rejeter au moins sur les richesses naturelles du sol, mettre en culture ces vastes étendues désertes? Serait-il possible de diriger vers Massaoua le courant d'émigration qui emporte vers l'Amérique tant de pauvres familles italiennes? M. Plebano ne croit pas que le climat si mal famé de Massaoua soit un obstacle invincible à l'établissement d'Européens. Il déclare qu'il y a de bons mois et en tout cas de bons endroits, où il ne fait pas trop chaud. Les montagnes de l'intérieur offrent toutes les altitudes et toutes les températures. La terre n'y est pas partout inféconde.

Dans la vallée de Ghinda, on chemine au milieu de forêts luxuriantes où abondent le sycomore, le tamaris, l'olivier sauvage, l'euphorbe. Aux environs de Keren, on aperçoit le gigantesque baobab cher à Tartarin. Les hauts plateaux d'Asmara ont, paraît-il, une analogie très grande avec l'*agro romano*. L'auteur, enfin, a pu visiter, à Keren, le jardin de la Mission française qui ne le cède en rien, pour la vigueur et la variété des plantes que les Pères y cultivent, aux plus belles cultures potagères de l'Italie. Ce qui manque, hélas ! presque partout, c'est l'eau, et sans eau la terre ne donnera pas de moisson. Et même, trouvât-on de l'eau, il faudrait des routes. Creuser des puits, tracer des chemins, cela nécessiterait de grands capitaux : l'Italie les a-t-elle aujourd'hui ?

L'auteur, dont j'ai suivi fidèlement, sinon la méthode, du moins la pensée, ne conclut pas. Ce n'est pas conclure, en effet, que de demander, comme il le fait, l'envoi d'une commission d'hommes capables et de bonne volonté, qui s'en iraient étudier le pays, — à la manière de M. Plebano, par exemple, — et qui, peut-être, ayant bien étudié, pourraient proposer quelque chose.

Non, ce n'est pas cette pensée-là qui ressort, pour nous du moins, de la brochure mesurée autant que désillusionnée du député italien ; c'est plutôt cette interrogation par laquelle nous avons commencé, en parlant de Massaoua, et qui revient naturellement à l'esprit : « Que sont-ils allés faire là-bas ? »

XII

Rome, fin octobre.

La famille Tacconi. — Les ouvriers français à Rome. La troisième visite.

J'habitais, à Rome, dans une famille de petite bourgeoisie que nous nommerons, si vous le permettez, la famille Tacconi. Quand je dis bourgeoisie, je me sers d'un terme nécessaire peut-être, mais à coup sûr inexact. Car on trouve des bourgeois à Milan, à Bologne, à Ferrare, à Florence : à Rome, il n'en va pas tout à fait de même. Je ne prétends pas qu'il n'en existe aucun. Mais, à côté du fonctionnaire et de l'entrepreneur, gens nomades, dans la vieille population romaine, on rencontre une caste nombreuse, intermédiaire entre l'artisan et le patricien, plus voisine du premier que du second, et qui n'a ni le relief, ni l'indépendance, ni les traditions de la bourgeoisie proprement dite. C'est une réduction de bourgeoisie, c'est l'ancienne clientèle de l'ancienne Rome, née à l'ombre des maisons princières, nourrie par elles, heureuse par elles, dévouée, pleine de vertus domestiques, mais toute timide, ayant dans les mœurs, dans l'attitude, dans la politesse, quelque chose d'humble et d'effacé, qui n'est ni de la servilité, ni de la bassesse, mais qui rappelle une dépendance. M. Tacconi appartient à ce tiers-état crépusculaire. On connaît le mot du prince Massimo, à qui on demandait s'il descendait vraiment de Fabius Maximus : « Je n'en sais rien, mais il y a huit cents ans qu'on le dit dans ma maison. » M. Tacconi pourrait répondre, j'imagine, à une question analogue : « Je ne sais si mes ancêtres furent affranchis de la gens Cornelia ou de la gens Fabia, mais il y a des siècles que nous sommes employés dans les bureaux de leurs descendants. » Il est receveur et payeur dans la *compatisteria* d'un prince, chef d'une douzaine de commis. Il tient les comptes des locations de prés, du blé, de l'orge, de l'huile vendus. Sa grande taille maigre s'est voûtée sur les livres. Il a un visage de cire, des yeux clairs, une moustache courte toute blanche. Ses filles l'adorent. Quand il part, le matin, on entend un bruit de baisers autour de lui, et des recommandations chuchotées : « Prenez votre foulard, il fait un peu frais... Avez-vous vos pastilles ?... Le petit dossier que j'ai copié, mon père, est dans la poche de gauche... Revenez de bonne heure, ce soir, vous savez qu'ils viendront... » Il répond de petites choses douces, toutes semblables, à voix basse. Même chez lui, il ne parle guère tout haut.

Et cependant cet homme d'une réserve extrême, ombrageux, que le frisson ne doit quitter qu'au seuil de son appartement, loge des étrangers. Oh ! sur recommandation, des étrangers triés, connus pour prud'hommes et solvables. Mais enfin il les loge. Il le faut bien. Le traitement n'est pas gros, et la famille est nombreuse : Ada, Luigia, Giuditta,

Serafina, quatre filles à marier, sans compter les petites ! Un peu d'or de France ou d'Allemagne allégera le loyer. On abandonne donc les chambres les plus voisines de l'entrée, les plus belles. Le gynécée se replie en arrière. Le sanctuaire se reforme au fond de l'appartement, impénétrable, à peine révélé dans le jour par un petit gazouillis de mots et de robes qui glissent. Tant que M. Tacconi n'est pas rentré, c'est une paix, un silence actif de monastère dans sa famille. Ces demoiselles, autour d'une table, cousent, raccommodent, travaillent au trousseau des deux aînées, qui sont fiancées, « che fanno l'amore », comme dit leur mère, un type de ménagère, infiniment moins timide et plus active que son mari. Ce sont deux belles jeunes filles Ada et Luigia, élancées, les traits purs comme il sied à des Romaines, des cheveux noirs, où l'on voudrait voir l'éclair d'un œillet, d'un peigne à fleurons d'or, ou d'un ruban, et qui n'ont pour parure que le luisant de la jeunesse. Elles soupirent depuis longtemps : l'un des fiancés est trop jeune, l'autre attend une place dans les bureaux des chevaliers de Malte.

Assurément les ménages seront modestes, mais honnêtes, heureux, pacifiques tout autant que celui de M. et madame Tacconi. Et l'on patiente, sans trop de mélancolie, en piquant l'aiguille dans la toile blanche, en pensant au soir où « ils viendront », puisqu'ils viennent deux fois la semaine, ainsi qu'il fut réglé au début des fiançailles, par le sage *paterfamilias* assisté de sa juste épouse. Le soleil entre par la fenêtre, l'air du Tibre fouette les dernières fleurs d'un jardin suspendu au-dessus des eaux : avec un regard de ce côté-là, un moment de rêve entre deux points, parmi les sœurs qui savent, et sourient de comprendre, la réclusion n'est point captivité, ce n'est que l'intimité chaude et joyeuse du nid. Et puis, il y a le soir.

N'allez pas croire, au moins, que la rentrée de M. Tacconi soit le signal d'une émancipation bruyante. Non. Il arrive vers cinq heures. Le glissement de ses deux bras sur le satin d'une doublure annonce qu'il dépouille l'employé, qu'il revêt la jaquette de l'homme privé, et qu'il appartient désormais à sa famille. Second bruit de baisers. Toutes les petites Tacconi sont sur pied. Elles accueillent le père, et l'enveloppent d'un papotage charmant. Le bonhomme fait l'heureux, et conte sa journée. Personne ne travaille plus. Il y a des rires frais qui viennent à travers les cloisons. A huit heures, les fiancés sonnent. Il m'a été donné de les voir : deux jeunes gens taillés en athlètes, qui portent de belles têtes un peu fades avec une grâce onduleuse de mouvements. L'un d'eux joue de la mandoline, l'autre chante. Ada, Luigia, Giuditta ou Serafina les accompagne à tour de rôle, sur un piano dont les cordes ont des plaintes d'épinette, et tous ils se délectent, jusqu'à dix heures, en exécutant la musique de Rossini, de Verdi, ou d'autres compositeurs moins célèbres, dont les finales languissants sont interprétés à merveille par cette ample voix d'homme faite pour chanter l'amour.

M. Tacconi ne sort jamais le soir, suivant la vieille coutume romaine, qui voulait qu'on fermât sa porte au tintement de *l'Angelus*. Après *l'Angelus*, qui sait? Un courant d'air, une agression au coin d'une rue... ces choses-là se voient : ce n'est pas l'affaire de M. Tac-

coni. Tout ce qui l'arrache à la paix de son
gynécée lui est antipathique. Dehors, il est
inquiet. Une visite le trouble. Aucune habitude de l'étranger, aucune avance n'apprivoiserait sa politesse doucement effarouchée. Il a
sur les distances sociales des idées d'une invincible humilité. Après des jours ou des semaines de séjour chez lui, il se dira et sera
toujours, en effet, l'hôte très honoré de votre
seigneurie. Peut-être vous emmènera-t-il seulement quelque dimanche aux environs de la
ville, et si vous l'interrogez, découvrirez-vous
en lui un archéologue très fin, un érudit qui
connaît toutes les vieilles pierres. Ses filles qui
marchent devant, chantant je ne sais quoi
d'ailé, dans leur langage sonore, s'interrompront pour vous dire, la tête à demi tournée :
« Voici notre Tibre blond. » Lui aussi dira :
« Notre Rome », comme s'il parlait d'une propriété. Car il l'aime infiniment, d'un amour
qui pleure pour toute ruine qui disparaît, pour
tout sanctuaire qu'on démolit, pour toutes les
transformations nécessaires ou brutales, mais
qui pleure silencieusement, comme le vase
brisé de Sully-Prudhomme. L'art italien fait

partie de ses affections de famille. Sa tendresse exclusive, fermée aux civilisations du Nord, ne s'attache qu'aux belles lignes droites, aux frontons grecs, aux ciselures délicates des marbres Renaissance, à l'éclat des matériaux précieux qui décorent les églises. Je lui ai causé deux douleurs et une joie.

Le premier jour de mon arrivée à Rome, à peine rentrais-je de ma promenade à travers la ville qu'il me demanda :

— Elle a vu Saint-Pierre ? (Il s'agissait de ma seigneurie.)

— Oui.

A la façon dont j'avais répondu, il devina que l'immense et superbe basilique m'avait plus étonné que séduit.

— Je vois qu'elle n'est point enthousiaste ! Se peut-il qu'elle préfère le gothique ! Des voûtes sombres ! Se peut-il !

Puis, craignant de m'avoir blessé, il ajouta :

— Je sais, hélas ! que tous les gens du Nord sont comme elle.

Il eût volontiers dit : « Les barbares ». Ce fut la première douleur.

Deux jours après, je retournai à Saint-

Pierre; il me réinterrogea, et je lui répétai : « Pas encore. » Il rougit. Peut-être un peu de colère lui monta-t-elle du cœur. Mais comme de sa vie, sans doute, il ne s'était emporté, il se contenta de me souhaiter bonne nuit.

Ce fut la seconde douleur. Je dirai bientôt la joie qui vint ensuite.

Un matin, mon hôte vint me trouver, avant de partir pour le bureau.

— Le pèlerinage des ouvriers français est arrivé, me dit-il. Le pape les reçoit demain. Ce sera très beau. Si elle veut s'y rendre, il faut qu'elle se hâte de se procurer un billet.

— Certainement, j'irai, monsieur Tacconi, et je vous remercie de l'avis.

— Vous allez revoir Saint-Pierre, ajouta-t-il avec un sourire : regardez-le bien !

Grâce à l'ambassade, j'obtins facilement un billet, et, le lendemain, je me trouvai, dès neuf heures et demie, sur l'immense place, en avant de la colonnade. Tout le quartier était occupé militairement. Depuis le pont Saint-Ange, ce n'étaient que gendarmes, agents de police, soldats à pied et à cheval. En attendant l'heure fixée, et prévoyant que l'audience se prolongerait très tard, j'entrai dans un petit restaurant, l'un des derniers à droite. Presque en même temps, des ouvriers français commençaient à envahir la salle, et s'asseyaient par groupes bruyants autour des tables. Depuis plus d'un mois, je n'avais pas entendu la langue du pays, ni vu la belle humeur française qui ne doute de rien, et se trouve partout chez elle. Comme j'écoutais l'une, comme je reconnaissais l'autre qui s'étalait ici dans sa pleine ingénuité, sans même avoir conscience de la stupeur qu'elle causait! Les braves gens! Ils avaient voyagé ensemble; ils arrivaient ensemble; ils n'avaient cessé ni de voir des visages de France, ni de parler français, et, tout naturellement, ils commandaient là comme s'il se fût agi du marchand de vin du coin : « Garçon ! du café ! une côtelette ! un œuf ! un canon ! — Oui, un canon, à Rome! — Et dépêchons ! » Ils furent bientôt cinquante qui causaient comme deux cents, gesticulaient, et attendaient. Le patron, la patronne et l'unique garçon, point préparés à cette clientèle inaccoutumée, tentèrent d'abord de se mettre

à la hauteur de la situation. Oh! un effort
très court. Mais ils se sentirent débordés. Ils
comprenaient mal, d'ailleurs, s'embrouillaient,
apportaient une madeleine au lieu d'un con-
sommé. En vain mon voisin, un grand Mar-
seillais, qui prétendait savoir l'italien et faisait
régulièrement deux fautes sur trois mots,
essaya de se poser en interprète et de com-
mander au nom de tous. Il déclara que ces
Romains n'entendaient pas l'italien. Et ce fut
alors un spectacle comme en offrent les grandes manœuvres, quand une compagnie de
zouaves ou de chasseurs, pendant la halte,
prend d'assaut une auberge de village : tous
les ouvriers levés, allant, venant, se servant
eux-mêmes, taillant à même les provisions;
les hôteliers, retranchés derrière le comptoir,
ahuris, ne cherchant point à se défendre,
mais payés comptant et satisfaits du résultat
autant que choqués de ces manières entrepre-
nantes... Quand je repassai le soir, sur la
place, les deux maîtres du restaurant, ceux
des cafés voisins, leurs concurrents, évidemment soumis aux mêmes épreuves, assis sur
des chaises, au dernier rayon de soleil qui

glissait sur les portes, gisaient, encore émus et fourbus de la furia francese.

Tout le pèlerinage eut d'ailleurs une couleur inusitée. L'étiquette reçut des accrocs formidables : absence d'habits noirs, un silence extrêmement relatif malgré les injonctions répétées des organisateurs, des cris d'une vigueur et d'une fantaisie que la salle des Béatifications n'avait pas dû connaître. Je m'étais glissé dans le groupe parisien, presque au premier rang, devant le trône pontifical élevé au milieu de la salle et gardé par les suisses. Ces pacifiques soldats, qui devaient appartenir, les plus près de nous du moins, à la Suisse française, avaient toutes les peines du monde à tenir leur sérieux. Autour de moi, on se serait cru, jusqu'à l'arrivée du pape, dans un faubourg de Paris. Il y avait surtout un ouvrier typographe, mon voisin, qui ne tarissait pas, blaguant de tout avec l'esprit et l'accent qu'on connaît : du casque des gardes-nobles, des collerettes des camériers, de l'air qui nous manquait de plus en plus dans cette foule pressée de plusieurs milliers d'hommes, d'un tas de choses dont personne n'aurait songé à rire sans lui. Tout à coup je le vis se dresser sur la pointe des pieds : « Le pape ! » dit-il. Sa maigre tête moqueuse changea de physionomie, et il ajouta gravement : « C'est rien chic, tout de même, un pape ! » Puis il se tut.

Léon XIII avançait lentement, porté sur la sedia, entre deux haies de gardes aux costumes éclatants, précédé de sa cour, vêtu de blanc, un peu penché, bénissant d'un geste affaibli et qui semblait pourtant vouloir embrasser le monde, tout ce peuple qu'il dominait. Certes, la beauté du décor était royale. Mais ce qui était plus beau encore, c'étaient les yeux de ce vieillard acclamé par quatre ou cinq mille hommes sortis de l'atelier, de la boutique, de l'échoppe, venus de trois ou quatre cents lieues pour le voir, pour lui dire : « Nous souffrons. Nous attendons quelque chose de vous. Vous qui avez les paroles, dites-les. » J'ai vu de beaux yeux d'homme, pleins d'intelligence, de bonté, de joie : il y avait de tout cela dans ceux de Léon XIII traversant le pèlerinage ouvrier, mais il y avait quelque chose de plus, quelque chose au-dessus, que je ne saurais définir, et qui ne dura pas. Car, l'instant d'après, assis sur son trône, enveloppé de ses cardinaux, il avait l'air d'un souverain, d'un vieillard tremblant et doux, d'un savant, d'un homme heureux, mais la flamme de tout à l'heure avait passé.

Je me suis rappelé cette forte et rapide impression quand j'ai lu dans le *Journal des Débats*, ces lignes remarquables de M. Eug.-M. de Vogüé, qu'on dirait écrites par un témoin oculaire : « Si l'on refaisait aujourd'hui la fresque symbolique de Santa-Maria-Novella, le peintre placerait-il encore l'empereur au sommet de la pyramide humaine ? Il y mettrait peut-être la princesse dont parlait le colporteur allemand, celui que l'auteur de *l'Allemagne actuelle* rencontra dans le Harz, et qui disait aux petits enfants des mineurs : — On brisera les couronnes qui sont en bon métal, et on les refondra, afin d'en faire des écus d'or à l'effigie d'une princesse nouvelle, mes petits, que vous connaîtrez, et qui s'appelle *Democratia*. Retenez bien ce nom ; vous l'entendrez proclamer au bruit des fanfares. — Il y a quelques semaines, les vieux Romains regardaient avec étonnement les portes de bronze de Saint-Pierre toutes grandes ouvertes, comme aux jours des couronnements impériaux. De longues files d'hommes entraient là, conduits par des princes de l'Église et reçus par son chef; c'étaient des gens du peuple et des métiers, venus d'un pays où règne seule la princesse du colporteur. Un cortège de pèlerins, ce n'est pas pour étonner les vieux Romains, qui en ont tant vu. Mais les spectateurs sentaient confusément que ceux-ci n'étaient point des pèlerins comme les autres. Ce qu'on introduisait solennellement dans Saint-Pierre, c'était le nouveau pouvoir social, les nouveaux prétendants à l'empire. Ces ouvriers venaient là comme y vinrent Charlemagne, Otton et Barberousse, pour y chercher le sacre et l'investiture. »

Sacre, investiture, je ne sais. Mais assurément une grande idée s'incarnait dans cette foule. Était-ce l'empire? comme l'a dit M. de Vogüé. Je conviens que ce songe pouvait traverser l'esprit d'un philosophe et d'un poète. Mais n'était-ce pas autre chose? Une aspiration plus immédiate et tout aussi puissante? Il me semblait, à moi, témoin perdu dans cette scène populaire, qu'elle ne rappelait exactement aucune de celles du passé, et qu'elle avait cependant une parenté avec toutes celles où le peuple, n'importe où, mû par son instinct, ses souffrances, son besoin de justice, le peuple seul en cause et seul acteur, malgré les chefs qui ont l'air de le guider et le contiennent seulement, a paru devant les grands du monde, portant une prière qu'appuyaient le sentiment de sa force, du droit, et je ne sais quelle rumeur douloureuse qui est l'encens de ses prières à lui. Je croyais voir une vague de cette mer dangereuse et troublée des gens de misère, une vague lasse de s'agiter, de s'écrouler, de se relever, accourue de très loin, grondante encore et se demandant : « Que vaut cette rive où j'aborde? Vais-je m'y briser comme ailleurs? Puis-je m'y étendre et m'y reposer? »

Je renonçai très vite à entendre les discours que nous ne pouvions saisir que par fragments, à cause du murmure, suspendu à peine un instant, de cette multitude humaine, et je me glissai jusqu'à l'extrémité de la salle, pour y trouver un peu d'air et de liberté. Là s'étaient groupés sur deux bancs, les seuls de l'immense salle, placés dans une sorte de vestibule, une demi-douzaine de moines ou de prêtres romains, et trois ou quatre femmes en mantille, tenue réglementaire des audiences, venus les uns et les autres en contrebande. Je montai debout sur un des bancs. Devant moi se tenaient une dame petite, vive, brune et sa nièce, une grande jeune fille blonde que je sus depuis être une protestante genevoise. La plus âgée de ces deux dames paraissait en proie à une sorte d'exaltation que trahissait le geste de sa main, refaisant hors de propos les plis de sa mantille. Je n'étais pas là depuis trois minutes qu'elle se détourna à demi, et dit en italien :

— Il n'y a que des Français pour donner des spectacles pareils ! Quel peuple !

— Sans doute, madame, c'est fort beau.

— Mais je vous dis qu'il n'y a que des Français pour organiser des manifestations comme celles-là ! Ce ne sont pas les Italiens qui en feraient autant !

Je ne pus m'empêcher de sourire et de répondre :

— Ils ont cependant bien leurs qualités, madame, et de très grandes aussi.

— Allons donc! Pas l'enthousiasme! Pas l'initiative! Mais voyez donc! Écoutez donc! Vous ne savez pas ce que c'est que des Français !

— Par exemple! j'en suis un !

— Vous? Répétez donc cela en français, que je voie?... Eh! ajouta-t-elle après que j'eus répété, que ne le disiez-vous plus tôt? Moi aussi, je suis Française. J'habite Rome depuis quatre ans, et je ne m'y fais pas. Et ce que j'ai de plaisir à les regarder, tous nos pays !

Elle était si vraie dans sa joie, si bien de sa province d'Arles aux yeux noirs! J'étais moi-même, il faut le croire, disposé à l'émotion, ce jour-là : je saisis la main qui se tendait vers moi, et je la serrai avec une émotion qui me fait sourire aujourd'hui.

L'audience terminée, je laissai s'écouler le flot des pèlerins, qui se fractionnèrent en groupes sur la place, et s'en allèrent par la ville étonnée, contents de se donner du mouvement, contents de rire, et de plus en plus chez eux. Rome était bienveillante, du reste, autant que surprise sur leur passage.

Je visitai de nouveau Saint-Pierre, et je m'en revins à la maison. C'est ici que doit trouver place la joie de M. Tacconi...

Nous étions accoudés, lui et moi, à la fenêtre ouverte sur le Tibre. Devant nous, au delà du fleuve aux moires jaunes, le château Saint-Ange et la coupole de Saint-Pierre s'enlevaient dans le poudroiement du soleil qui leur faisait comme un fond d'or byzantin. Le vieil employé murmura, ayant l'air de se parler à lui-même :

— Merveille! merveille!

— Vous avez raison, ce sont des merveilles. Tantôt j'ai compris Saint-Pierre.

— Enfin! s'écria-t-il.

Et sa physionomie, subitement transformée, exprima quelque chose de très spécial que j'ai remarqué chez nombre d'Italiens, lorsqu'on leur fait un compliment sur leur pays, sur n'importe quoi de la patrie italienne : une joie d'enfant, qui m'a toujours paru très louable et touchante.

Il avait une larme au bord des yeux.

— Faites-moi l'honneur, ajouta-t-il, de vous joindre à nous, ce soir : « Ils viendront. » L'un d'eux, celui d'Ada, possède une voix divine, et l'autre, celui de ma Luigia, a une manière de mandoliner la plus douce qui soit.

M. Tacconi voulait évidemment me récompenser.

Je ne pus accepter. Mais je le regrette encore.

Oui, j'avais compris Saint-Pierre, et je dois dire comment.

L'impression que je ressentis, à mon arrivée à Rome, fut entièrement différente de celle qu'avaient produite sur moi Bologne, Venise ou Florence, par exemple. Tandis que, dans ces dernières villes, la nature, l'art, les mœurs, l'opinion avaient tenu constamment mon esprit en alerte, tout cela, dès que j'eus parcouru quelques rues et visité quelques monuments de Rome, passa au second plan. Ce fut à ce point, — je ne l'avoue pas sans un peu de confusion, — que tant de peintures ou de sculptures admirables, les antiques même ou les fresques du Vatican, ne soulevèrent pas chez moi ce petit battement enthousiaste du cœur, si souvent éprouvé au palais Pitti ou aux Offices. Les ruines de la Rome païenne ne me causèrent pas davantage la surprise à laquelle je m'attendais, — car, en voyage, malgré l'étrangeté de l'expression et de la chose, on *s'attend à être surpris*, et faute de surprise on est déçu. — Mon attention se trouva détournée et captivée par des monuments, la plupart sans valeur artistique : la basilique de Sainte-Cécile, Sainte-Agnès, les Catacombes, Sainte-Pudentienne, la prison Mamertine, vingt autres lieux qui n'ont d'autre beauté que celle du souvenir. Ce sont les témoins de l'Église primitive. En les visitant, je revivais dans ce monde où l'histoire s'avance enveloppée d'un cortège de légendes, dans ce temps unique où la sainteté, la pitié, la virginité et la pauvreté volontaires, le sacrifice, l'enthousiasme pour le martyre, éclatèrent tout à coup au milieu d'une société qui ne les comprenait pas. Depuis lors, sans doute, ni cette floraison de beauté morale ne s'est fanée, ni les traits sublimes n'ont manqué. On ne saurait prétendre même qu'aucun temps ne fut plus fécond que celui-là en dévouements héroïques, en vertus de toutes sortes. Qui peut mesurer ces choses? Qui peut dire si notre époque ne fait pas autant d'honneur qu'aucune de celles qui l'ont précédée à l'humanité rajeunie par le christianisme? Les premiers siècles n'en sont pas moins incomparables. Tout ce qui se voile aujourd'hui, dans la demi-ombre de la vie privée, de renoncements, de courage, d'humble immolation au devoir, se révélait alors publiquement. Les plus timides, les plus effacées des âmes se trouvaient produites tout à coup au grand jour des prétoires, des places publiques, du cirque, des bûchers. De toutes jeunes filles, des esclaves, des enfants, perdus la veille dans l'habituelle obscurité de leur condition, devenaient, suspects ou accusés, des personnages dont la ville entière s'occupait. Et le lendemain, dans un mot, dans la joie de leur visage, dans la sérénité de leur martyre, l'étrange noblesse de ces âmes renouvelées s'épanouissait aux yeux de tous.

Quiconque a parcouru les *Actes* de ce temps-là n'a pu se défendre d'une sorte d'entraînement, d'une admiration tendre pour certaines de ces figures de saints ou de saintes. Il en est de si touchantes ! Rappelez-vous, par exemple, celle de sainte Cécile. J'en sais peu d'aussi belle, et qui puisse mieux faire comprendre l'impression que je veux dire.

La jeune patricienne convertie a été fiancée malgré elle, malgré le vœu de virginité qu'elle a fait, au fils d'une famille noble de la vieille Rome, Valérien. Celui-ci est encore païen. Les noces sont célébrées. La nuit arrive. Les deux époux demeurent seuls dans la chambre nuptiale.

Le dialogue qui s'engage entre eux est trop célèbre et trop beau pour que j'essaye de le résumer ici. Relisez-le ; relisez l'ardente et chaste supplication de la vierge, la promesse qu'elle lui fait, s'il la respecte en son corps, de lui faire voir un ange ; le signalement de ces pauvres auxquels il n'a qu'à dire le nom de Cécile, et qui le conduiront vers le pape Urbain, sur la voie Appienne ; poursuivez, lisez la suite du récit, le baptême de Valérien, son retour dans la chambre où Cécile l'attend en prières, la vision de l'ange, aux ailes éclatantes, qui suspend deux couronnes sur la tête des deux époux et promet à Valérien, de la part de Dieu, de lui accorder tout ce qu'il demandera, l'immédiate réponse de celui-ci, d'une tendresse si charmante : « Je supplie le Christ de délivrer mon frère Tiburce comme il m'a délivré moi-même, et de nous rendre tous deux parfaits dans la confession de son nom », puis l'arrivée de Tiburce, au matin, l'exhortation enthousiaste et tout inexpérimentée de Valérien, celle plus grave et d'une poésie si large de Cécile, enfin le martyre des deux frères et celui de la vierge. Je ne crois pas qu'il existe une plus touchante épopée.

Supposez maintenant que, tout plein de ces souvenirs, vous entrez dans le palais même de Cæcilii, que vous pénétrez dans cette chambre témoin de pareilles scènes, dans le caldarium où Cécile fut exposée sans mourir aux vapeurs suffocantes des fourneaux, puis frappée par l'épée du licteur et laissée, pendant trois jours d'agonie, au milieu de ses pauvres qu'elle consolait, souriante à la pensée de l'éternelle réunion avec Tiburce et Valérien; alors vous devinerez quelque chose de cette émotion infiniment douce, infiniment supérieure aux plus nobles jouissances d'art et dont tout voyageur, pourvu qu'il ait le sens de la beauté morale, doit, il me semble, subir l'entraînement. Cette émotion, je l'éprouvais complètement, et je m'abandonnais si bien à elle que, dans les premiers temps, je ne m'intéressai vivement qu'à cette vieille Rome chrétienne. L'architecture de Saint-Pierre me laissait froid, et celle de Saint-Jean de Latran ou de Saint-Paul. J'allais de préférence aux catacombes, au Colysée ou vers les petites églises sans style, sombres, irrégulières, mais où il y a autre chose encore qu'un tombeau : des pierres touchées, vues, habitées par les martyrs, toute leur histoire ou toute leur légende encore vivante, où l'on entre avec ce même respect, mêlé d'attendrissement, que fait naître une maison d'aïeux.

Mon jugement se modifia lorsque je descendis, après l'audience pontificale, dans la basilique de Saint-Pierre. Je venais de contempler le chef de la catholicité entouré d'ouvriers d'une nation lointaine et pris par eux pour arbitre de la plus grave, de la plus actuelle des questions, celle du capital et du travail ennemis. En le voyant, en écoutant les acclamations qui le saluaient, je n'avais pu m'empêcher d'admirer la majesté et en même temps la mystérieuse attraction de cette autorité, intacte après dix-huit siècles de contradiction, seule pacifique parmi les nations armées, gardienne de l'idéal et de la vérité menacés, préoccupée avant toute chose de ce qui ne tient souvent dans les affaires humaines qu'une place secondaire : de la justice, du droit des faibles, de la liberté nécessaire du bien. J'avais en moi-même comparé les souverains d'aujourd'hui, tous plus ou moins inquiets sur les destinées de leur trône, avec ce vieillard qui ne saura jamais le nom de son successeur, qui n'a pas le pouvoir de le désigner, et cependant plus assuré d'avoir un héritier de sa puissance et de ses moindres traditions qu'aucun prince environné d'une famille nombreuse et défendu par une armée.

Ces idées me suivirent pendant que je parcourais, pour la troisième fois, la basilique dont le soleil, en son plein, faisait briller les marbres. Et je fus bientôt frappé de la correspondance qu'elles rencontraient dans l'édifice élevé à la gloire de l'apôtre. L'immense développement des nefs ne répondait-il pas, autant que nos moyens finis le permettent, au caractère universel de l'Église ? L'impression de force et de durée qui sortait de ces colonnes gigantesques n'avait-elle pas été voulue pour figurer l'immortalité, et la coupole d'où tombait en ce moment et se répandait la lumière ne symbolisait-elle pas l'inspiration divine ? Plus j'étudiais, plus je me pénétrais de la conviction que les artistes de génie qui dessinèrent l'église avaient voulu fixer toute leur foi dans leur œuvre. La beauté de la traduction m'émerveilla. Saint-Pierre m'apparut comme un symbole vivant du *Credo* qu'on y chante.

Et le soir, je pus, en toute vérité, causer la joie que j'ai dite à l'excellent Tacconi.

Je crois que j'avais compris Saint-Pierre.

XIII

La *combinazione*. — Pourquoi les Italiens n'ont pas de romanciers.

Pendant mon séjour à Rome, je voyais fréquemment un ingénieur-architecte, — titre supérieur à celui d'ingénieur-agronome, et qui ne s'obtient que dans les Universités, — homme instruit, aimable et d'une étonnante activité. Il avait beaucoup voyagé, et conservait de ses courses à travers l'Asie et l'Afrique un besoin de marche et de grand air, une sorte d'empressement à se mouvoir, à se lever, à se déplacer pour mieux démontrer une ruine, au lieu de l'indiquer de loin, qui le distinguaient de la plupart de ses compatriotes. A ne considérer que ses yeux pétillants de gaieté, que sa physionomie mobile et modelée pour le rire, on l'eût assurément pris, en France, pour un de ces joyeux compagnons dont l'esprit, comme un bouchon sur l'eau, s'en va toujours dansant au-dessus de la vie, et qui ont une manière drôle d'être inconséquents et vides. Oui, le pronostic eût été juste à Paris. A Rome, il se trouvait faux. L'ingénieur, avec sa physionomie amusante, était le plus sensé des hommes, le causeur le plus soigneux des nuances, d'une prudence extraordinaire dans les termes, environnant ses affirmations, même les moindres, de précautions oratoires, distinctions et atténuations, comme on emballe dans la paille les angles d'un meuble, avant de le mettre au chemin de fer. Par un contraste singulier, son exubérance physique ne correspondait à rien de semblable au moral. C'était le bon sens très fin et le masque de Pulcinella.

Je lui dois des heures charmantes. Nous nous retrouvions presque chaque jour Il était mon cicérone ordinaire et le casuiste auquel je soumettais mes étonnements et mes questions de voyageur.

Un matin, j'allai le trouver.

— Écoutez ce qui m'est arrivé hier soir, lui dis-je. Je remontais le Corso, vers huit heures, quand j'aperçus un rassemblement. Une centaine de personnes entouraient deux jeunes gens qui se disputaient, tous deux très pâles et sur le point d'en venir aux mains. Il est impossible à un Français de France de passer avec indifférence auprès d'un attroupement quelconque. Il faut qu'il sache ce qu'il y a eu, et qu'à l'occasion il y aille de sa petite larme : « Pauvre garçon ! Pauvre femme ! Pauvre bête ! » Je m'approchai donc, et, au même moment, je vis un monsieur, d'une correction de tenue parfaite, s'interposer entre les deux adversaires, prendre doucement l'un d'eux par le bras, l'emmener en causant jusqu'au tournant voisin. Là, le jeune homme lui serra la main, et le laissa en lui disant : « Merci mille fois, monsieur. » Voilà, pensai-je, un homme bien informé qui va me conter la chose. Et, m'adressant au conciliateur, encore immobile au coin de la rue : « Qu'est-ce que c'est ? » lui demandai-je. Il me répondit fort poliment : « *Chi lo sa ?* » Chi lo sa ? Et il venait d'arranger l'affaire ! « Mais encore ? » insistai-je. Il eut un petit geste évasif : « Peuh ! fit-il, presque rien, *una parola.* » Puis, comme s'il craignait d'en avoir trop dit, il glissa quelques pas, et se perdit dans la foule. Que pensez-vous de cela, mon ami ? Est-ce un trait de caractère ?

L'ingénieur se mit à sourire, et répondit :

— Tout à fait ; *un po' di combinazione.*

— Vous dites ?

— *Un po' di combinazione.*

Je fis l'entendu, et je répliquai :

— *Di combinazione !...* Ah oui, très bien !

Au fond, je ne savais absolument pas ce que cela signifiait.

Une seconde fois, j'allai lui porter un article de journal, un fait divers qui m'avait amusé par son étonnante couleur.

— Tenez, lui dis-je, écoutez : c'est un poème, et cela vient de Naples.

— Le titre ?

—Écroulement d'un palais ; cent mille francs ensevelis... « Toute la ville est consternée, à cause de la ruine totale du palais San Severo, advenue ce matin. On a parlé d'un grand nombre de blessés et de morts, mais, renseignements pris, il n'y a heureusement pas de victime. Arrivons au fait. Cette nuit, le portier du palais, attendant la rentrée de quelque locataire, fut pris du désir de manger du melon, et descendit à la cave pour en choisir un. Une sorte de rumeur continue attira son attention. C'étaient des pierres qui se détachaient, et tombaient, mêlées à des fragments de chaux. Il courut aux pompiers. Ceux-ci vinrent, et constatèrent une catastrophe imminente, causée par l'infiltration des eaux, déjà hautes de deux mètres. Au bout d'une demi-heure, la catastrophe eut lieu. Le fidèle portier a mis en sûreté les bijoux et l'argent du prince, actuellement à Paris. Un autre monsieur, sorti pour prévenir les pompiers, voulait remonter pour sauver les titres de rente, mais un ami le pria d'accepter une tasse de café. » Et notez maintenant cette fin exquise : « Pendant qu'il la buvait, tout tomba en ruines, *mentre la sorbiva, rovinò tutto* ». Je ne puis m'empêcher de le trouver excellent et bien local, ce bonhomme de portier qui, pour charmer les heures d'attente, s'en va de nuit choisir un melon. Mais l'autre doit être plus Italien encore, n'est-il pas vrai? Il sort pour chercher secours. Il retourne en hâte pour sauver les titres de rente. Un ami l'invite, et tout change. Une impression chasse l'autre. Pour une tasse de café, il oublie le trésor, et pendant qu'il la buvait... *rovinò tutto*. Ne trouvez-vous pas qu'il y a là tout le tempérament d'une race, toute une morale en action?

— Non, me répondit l'ingénieur, pas complètement. Le plus Italien des deux personnages est assurément le premier, l'amateur de *popone*. L'autre serait plutôt Levantin. Un Italien eût mieux calculé son affaire, le profit qu'il devait retirer du sauvetage, et cette pensée ne l'eût pas abandonné en route. En tout cas, le trait est exceptionnel, puisqu'il manque de cette note si remarquable dans nos actes, la *combinazione*.

Encore ce mot! Une question me vint aux lèvres. L'amour-propre l'y retint. Bah! me dis-je, une autre fois j'apprendrai peut-être ce que c'est, sans avoir besoin d'avouer que je l'ignorais.

Il se trouva que j'avais raison et que l'occasion voulut bien renaître encore.

Nous étions allés à pied aux catacombes de Saint-Agnès-hors-les-Murs, plus petites que celles de Saint-Calixte, étroits couloirs où l'on peut à peine passer entre deux rangs de tombeaux superposés, alignés comme les casiers d'une étude de notaire, et, malgré la grandeur des souvenirs, malgré l'érudition de l'excellent chanoine qui nous guidait au milieu des ténèbres, son rat de cave roulé en trompe de chasse autour du bras, une impression toute physique, pénible, m'avait saisi dans ce séjour de mort, dans l'atmosphère lourde et humide que pas un rayon de soleil n'assainit. En sortant de là, nous étions remontés à la lumière comme on renaît à la vie, avec une joie reconnaissante de tout l'être, et nous suivions, causant et marchant plus vite qu'à l'ordinaire, la vieille voie romaine. A droite ou à gauche, une villa parmi ses oliviers et ses pins parasols, jardins magnifiques où rôde la mal'aria, des maisons énormes inachevées, ouvertes au vent, sans toiture, abandonnées par suite du krach, des épiceries de barrière où causait depuis deux heures la même Romaine au large corset vert avec le même paysan en manteau brun, accoudé sur le comptoir et, par moments, si nous tournions la tête, un fragment bleu, dentelé, des montagnes de la Sabine, qui bordaient l'horizon. Nous devisions de littérature, et mon ami me disait :

— Je ne crois pas qu'on puisse rencontrer des philosophes ou des critiques très supérieurs aux nôtres. Nous avons, en Italie, des qualités d'exposition, de logique, d'analyse, qui nous ont rendus maîtres en ces deux genres. Les sciences naturelles sont chez nous un peu à la remorque des Anglais. La pédagogie s'inspire trop de la France ou de l'Allemagne. Mais nous avons des journalistes de talent, plus orateurs et tout aussi mordants que les vôtres. Nous possédons bien deux ou trois poètes véritables, ce qui est beaucoup, par ce temps d'essoufflés et de décadents. Ma foi, je ne sais pas si je m'abuse par amour-propre national, mais il me semble que le mouvement intellectuel de l'Italie contemporaine n'est pas à dédaigner.

— Il y a pourtant des lacunes qui m'étonnent.

— Lesquelles?

— Par exemple, vous n'avez pas de romanciers.

— C'est parfaitement vrai. Les romans que nous lisons, nous les faisons venir de France. Ceux qui naissent sur le sol italien n'ont ni originalité, ni composition, ni cette justesse pénétrante d'observation qui rend si intéressantes les moindres peintures de la vie, soit en Angleterre, soit en Russie, soit en France.

— Eh bien! cela me confond!

— Pourquoi? C'est au contraire la chose la plus naturelle du monde.

— Tenez, voici deux lettres de recommandation que je n'ai pu remettre à leur adresse. Lisez-les. Chacune d'elles n'a que dix lignes, mais tournées à ravir. N'est-ce pas la preuve que l'Italien qui les a écrites, — et vous m'avouerez qu'il ne doit pas être seul de son espèce, — avec trois cents pages de ce style-là ferait une œuvre d'une souveraine élégance et très digne d'être lue?

Mon compagnon me regarda en souriant.

— Ces lettres de recommandation, me dit-il, les avez-vous vu écrire?

— Non.

— Soyez sûr qu'elles ont coûté à leur auteur beaucoup de temps et d'effort. Nous n'arrivons pas à ce tour élégant, à ces rapprochements de mots heureux, à ce petit ensemble pimpant, sans nous donner une peine infinie. Vous touchez là un des points les plus curieux de la psychologie de nos deux pays. Et si vous voulez bien réfléchir un peu aux qualités de l'esprit italien, vous verrez qu'il nous en manque au moins deux pour exceller dans le roman.

— Et d'abord?

— D'abord l'esprit, tel que vous l'entendez, cette forme vive et enjouée de la pensée, ce petit frisson qu'un coup de vent donne aux plumes et qu'on rencontre dans vos livres. Chez vous, c'est un don de nature, tellement que le même mot français, l'esprit, signifie à la fois l'âme et cet état particulier de l'âme, comme si les deux choses ne pouvaient être séparées. Chez nous, au contraire, et jusqu'à ces derniers temps, nous n'avions pas d'équivalent pour dire l'esprit dans la conversation ou dans le style. *Spirito* ne signifie cela que depuis peu, et c'est un sens d'importation étrangère. Voilà donc un élément essentiel qui nous fait défaut. L'âme italienne est sensée, logique, abondante; elle n'a pas ce vernis-là. Mais surtout nous ne sommes pas observateurs.

— Pas observateurs, avisés comme vous l'êtes?

— Précisément, nous observons pour nous conduire, nullement pour peindre. Toute notre finesse, nous la dépensons en *combinazione*.

J'allais enfin savoir ce que signifiait ce mot profond!

— La *combinazione*, reprit-il, c'est l'art d'agir, le calcul de la conduite, à moitié instinctif, à moitié raisonné, qui nous distingue et nous met en bon rang parmi les races pratiques. De ce côté-là, nous sommes très forts, et nous prenons notre revanche sur vous, causeurs charmants, lettrés exquis, mais déplorables tacticiens. Supposez un Italien et un Français en présence d'un inconnu. Oh! que leur attitude sera différente! Quelles préoccupations absolument opposées! Le Français se dit : « Tiens, tiens, M. un tel; il est grand, une verrue au-dessous de l'œil gauche, parle facilement, jolies manières, habitude du monde, un peu triste ; est-ce que sa femme, ou son père, ou sa mère ?... » Le portrait est complet au bout de cinq minutes, net de contours, sinon très juste. Il ne reste plus qu'à l'écrire. L'Italien, lui, ne fait point œuvre d'artiste, il est passif. A quoi bon cette fatigue de formuler une impression ? Une seule chose lui importe. Il se dit : « Dois-je me méfier? Dois-je me confier? Comment agir avec cet homme? » Et un secret instinct lui donne la réponse. Le voilà tout prêt pour l'action. Tandis que vous perdez votre temps à décrire en vous-mêmes les mérites ou les ridicules de la rencontre, nous employons le nôtre à deviner le fort et le faible de cet inconnu, le ressort qu'il faut toucher, le moyen de l'amener où nous voulons. De là votre supériorité en littérature et la nôtre en diplomatie.

— Vos diplomates, en effet, pris ensemble, ont du renom.

— Vous dites bien, pris ensemble. Isolément, ils ne font pas la figure de certains des vôtres, parce que la mise en scène leur a manqué. Ils n'ont pas, autant que les vôtres, amusé le monde du récit de leurs négociations. C'est toujours la même préoccupation de la littérature chez vous et de la pratique chez nous. Voyez Talleyrand, dans sa correspondance avec Louis XVIII. Comme il est soigneux de l'anecdote, désireux de plaire à Sa Majesté, de la faire rire, à l'occasion, d'un mot habilement enchâssé! Soyez sûr qu'il dépensait une bonne partie de l'effort de son esprit, si agile, à noter, à classer, à fixer dans sa mémoire la comédie, même la comédie sans valeur diplomatique, qui se jouait autour du Congrès de Vienne. Nos marchands, nos financiers, nos doges, en fait de diplomatie, ne cherchaient pas tant à paraître, et ne réussissaient cependant pas trop mal, vous le savez. Hommes d'affaires avant tout, voilà ce que nous sommes. C'est une qualité qui ne suppose même pas nécessairement un esprit orné. Les Romains de la Rome antique, ces Anglais du vieux monde, n'en savaient pas bien long. Et cependant, quels sages, les sénateurs de la république, quels diplomates, quels politiques!

— Ainsi, d'après vous, ce qui distingue un Italien d'un Français, au point de vue qui nous occupe, c'est une orientation différente de la même faculté d'observation?

— Oui. Je ne dis pas que nous n'arrivions pas à formuler les impressions qui nous viennent de la vie extérieure; mais nous ne songeons pas d'abord à le faire; c'est une fatigue pour nous, une chose contraire à notre nature. A la longue, il est vrai, nous pouvons trouver dans notre esprit, lentement formé par l'expérience, un jugement très complet et très sûr, mais l'occasion est passée, et avec elle le relief, la couleur, la vie que fixent au passage les natures primesautières. Voilà pourquoi, mon ami, nous sommes moins bons romanciers que vous.

— Je le regrette. Il me semble que votre société romaine, par exemple, serait un sujet bien curieux d'études. Un de ces princes dont les maisons se sont maintenues à travers les siècles, possesseurs de domaines immenses dans la campagne, banquiers ou marchands à la ville, économes chez eux et fastueux au dehors, aimés du peuple qu'ils n'ont jamais gouverné, familiers avec lui, comblés d'honneurs et dépourvus de pouvoir effectif sous la domination pontificale, aujourd'hui divisés, les uns fidèles, les autres transfuges, s'alliant de plus en plus à des familles étrangères, quel personnage à observer et à faire vivre dans un roman !

— Je ne dis pas non. Ils ont grand air. Leurs palais, leurs galeries, l'éclat antique de leurs noms forment un cadre superbe autour d'eux. Les femmes sont aimables et cultivées. Elles ont, les Italiennes au moins, une sorte de politesse calme et souveraine, je dirais volontiers, cosmopolite. Il y a si longtemps que, chez ces familles patriciennes, on voit l'Europe défiler dans le salon ! Rien ne les étonne plus. Mais un romancier éprouverait, à parler d'elles, une difficulté spéciale. Le plaisir de penser à plusieurs, de développer une idée juste ou paradoxale, est un luxe que le monde italien goûte peu. Votre romancier aurait donc plus de mal que vous ne pensez à animer, en restant dans la vérité, ce décor merveilleux que la vie d'un prince romain lui offrirait. La bourgeoisie, vous le savez, est absolument terne, effacée, difficile à étudier. A mon avis, le plus intéressant, le plus coloré, le plus original des milieux, à Rome, c'est le peuple. Là, il y aurait des trésors pour un observateur. Mais pas un écrivain ne s'en est encore soucié, sauf les poètes, les poètes populaires qui ont chanté les fêtes, les costumes, les amours, les joies, les deuils de la plèbe et des paysans. Vous ne connaissez pas les lettres, les ritournelles, les sérénades des amoureux, les *nanne* qu'on chante autour des berceaux ?

— J'en ai lu. Mais dites-moi vingt vers ici, avant que nous rentrions dans la ville.

— Ceux qui me viennent à l'esprit, me répondit-il, sont toscans. Mais peu importe. C'est la même inspiration, c'est la même plainte de gens qui s'aiment et que la misère sépare.

Nous étions à peu de distance de la Porte Pie. Mon ami se tourna du côté où soufflait le vent, du côté des marais lointains, et récita ces trois strophes :

« Chacun me dit : Maremmes, maremmes !
— Et les maremmes pour moi ont été

14

amères. — L'oiseau qui y va perd sa plume; — l'amant qui y va perd sa dame. — Qui va aux maremmes et laisse l'eau douce — perd sa dame et plus ne la retrouve. — Qui va aux maremmes et laisse l'eau fraîche — perd sa dame et plus ne la reprend.

» Comment voulez-vous que je ne pleure pas, — sachant que de vous je dois m'éloigner? — Et toi dans les maremmes, et moi dans la montagne! — Ce départ me fera mourir. — Je fermerai les yeux et je mourrai pour vous. — Je fermerai les yeux et mourrai de douleur. — Et comment veux-tu que je ne soupire pas? — Je suis dans la montagne, tu vas dans les maremmes.

» Une heure sans vous je ne puis être, — et je devrai l'être si longtemps! — Je ne puis plus boire ni manger; — mon cœur à tant pleurer se consume. — Mon cœur se consume comme la cire, — de ne te plus voir matin et soir; — mon cœur se consume comme le givre, — de ne te plus voir soir et matin! »

XIV

La pénétration allemande. — L'influence française.

Dans quelle mesure l'Allemagne a-t-elle, suivant une expression qui a cours, pénétré l'Italie? Jusqu'où va l'influence de la puissante alliée politique sur les mœurs, la littérature, les idées, les études italiennes, et quel voile de brume, soufflé du Nord, couvre le pays bleu? C'est une question qui, malgré moi, m'a suivi le long du chemin. Çà et là, j'ai cru rencontrer une indication, un trait, des symptômes légers dont chacun n'est point une réponse, mais qui peut-être, groupés ensemble, permettent d'augurer en quel sens conclurait une information plus complète. Les voici rapidement.

Je laisse de côté la question commerciale. Le percement du Saint-Gothard, l'étroite alliance des deux pays, la rupture des traités de commerce avec la France, sont autant d'événements qui, sans nul doute, ont activé le mouvement d'échange entre l'Italie et l'Allemagne. Plusieurs Italiens m'ont affirmé la chose. Et je les ai crus sans peine.

Il n'est pas douteux non plus qu'une immigration grossissante d'industriels et de marchands allemands s'implante dans les grandes villes. Des noms des bords de la Sprée, qui ne sonnent pas, comme ceux d'Italie, d'un joyeux cliquetis de voyelles, se multiplient sur les enseignes. A Rome, le long du Corso, dans les plus belles rues de Milan ou de Florence, on en rencontre plus qu'on ne voudrait, je veux dire tout au moins pour le plaisir des yeux, qui ont le sentiment d'un obstacle devant Schnitzer ou Bluntschli, et se délectent, au contraire, à épeler « Fratelli Bocconi » ou bien « Paravia », dans cette langue limpide à lire et à parler qui, pour désigner une marchande de légumes, trouve des mots comme « erbivendola ».

Beaucoup d'hôteliers aussi sont Allemands. C'est probablement pour loger tant de leurs compatriotes qui voyagent. Je ne sais pas si j'ai été favorisé par le hasard, mais j'ai rencontré des Allemands partout. Quand ils n'étaient pas en majorité, ils étaient au moins à égalité avec les Anglais, autour des tables d'hôte. Dans les musées, ce que j'ai vu d'yeux ronds derrière une paire de lunettes, c'est vraiment incroyable. Et cela, d'une extrémité à l'autre, à Gênes comme à Naples, à Capri comme à Venise. Ils ont un goût prononcé d'hommes du Nord et d'archéologues pour cette terre chaude et pleine de ruines. A Pompéi, par exemple, dans cette petite auberge du Soleil, tenue par une Française, et si joliment posée en vue de Castellamare, du Vésuve, des montagnes du Bénévent, toute fraîche, le soir, au milieu de son jardin d'eucalyptus et de mimosas, j'avais huit compagnons : deux étudiants berlinois, un du Slesvig-Holstein, un sculpteur et un professeur danois parlant allemand, deux Anglais, de Londres, et un planteur australien, la plus puissante carrure que j'aie contemplée de ma vie. Mais un Français, rien n'est plus rare. J'en ai croisé deux ou trois, de Paris, bien entendu ; — c'est curieux comme, à l'étranger, tous les Français sont de Paris ; — ils étaient extrêmement pressés de tout voir, et m'ont paru insaisissables. La seule fois que j'aie entendu parler notre langue dans un cercle un peu nombreux, c'est à Sorrente, par un groupe fort aimable de Canadiens et de Russes. On se fût cru dans un hôtel du boulevard. Ça été une vraie joie. Et, pour que l'illusion fût complète, l'hôtelier lui-même, un Allemand, parlait très bien le français, à preuve cette pancarte pendue aux murs des chambres, et dont le style m'avait ému : « On prie MM. les étrangers qui, en occasion de leur départ, vont se dégager des objets superflus, de ne pas oublier les pauvres du Deserto qui demandent, pour amour de Dieu, des bottes et toute autre chose qui peut leur être utile. »

Les Allemands voyagent donc plus que nous en Italie. La remarque n'est peut-être pas nouvelle, et je la répète uniquement pour montrer qu'elle n'a pas cessé d'être juste. Ils s'y installent aussi, ils y fondent des maisons de commerce ou des succursales de plus en plus nombreuses.

Voilà un premier point.

Je crois également que les méthodes pédagogiques allemandes sont en faveur au delà des monts. J'en ai eu plusieurs preuves, et celle-ci entre autres, dont je fus un instant navré. Au cours d'une traversée, j'eus l'occasion de causer avec deux jeunes filles italiennes qui venaient de Tarente à Naples. La plus jeune surtout était charmante. A la finesse de ses traits, on eût dit qu'elle arrivait tout droit d'Athènes. L'italien prononcé par elle était une musique exquise. Elle avait l'esprit prompt et d'une humeur enjouée qui n'était point hardie.

Je me demandais : « Que peut-elle bien faire? Car elle a un métier dont elle gagne sa vie. Tout gentiment mise qu'elle soit, avec son mantelet venu du Louvre et son épingle d'or achetée à un revendeur oriental, il est facile de voir qu'elle n'est pas riche. Peut-être chante-t-elle dans les concerts? Elle est de race ailée et poétique. Peut-être peint-elle sur porcelaine ou brode-t-elle des écrans? Ce sont de petits gagne-pain pour les cigales comme elle. » Eh bien! pas du tout. Au bout d'une heure, elle me dit :

— Je suis sous-directrice d'une école de petits garçons et de petites filles que mon amie dirige. Nous l'avons établie d'après une méthode nouvelle.

— Une méthode nouvelle d'apprendre à lire ou à écrire?

— Non, monsieur: elle est générale, elle s'applique à l'enseignement et à l'éducation, au dessin et à la morale, à l'alphabet et aux travaux d'aiguille.

— Universelle, alors?

— Précisément.

— Et vous l'appelez?

— C'est un système allemand, inventé par un professeur de Stuttgard. Cela prend très bien en Italie. Tout est fondé sur deux principes : l'attention et la conscience de l'enfant.

— Ah! mon Dieu!

— Cela vous étonne, monsieur?

— Non, mademoiselle, cela m'afflige...

— Pour qui, monsieur?

— Pour... Mettez que ce soit pour les enfants.

Et elle continua. Je la laissai m'expliquer ces puérilités solennelles, sans plus essayer de comprendre. Connaissez-vous rien de plus agaçant que cette prétention de découvrir la conscience de l'enfant, et que ces gens qui nous apprennent, au nom de leur expérience, toute l'importance de l'attention ? La moindre bonne femme de village, ses lunettes sur le nez, un livre sur les genoux, faisant épeler son petit-fils, en sait là-dessus autant que les pédagogues. Elle s'entend à réveiller l'enfant qui s'assoupit. Elle met en œuvre, pour le rendre plus vite savant, une foule de petits secrets qu'elle a trouvés dans son vieux cœur. Et elle a l'immense supériorité de faire tout cela naturellement. J'avoue que je serais incapable de dire en quoi consiste exactement la méthode allemande de la conscience et de l'attention combinées. Mais je pourrais, si je voulais, faire le portrait de cette Grecque italienne que je quittai sur le quai de débarquement, les yeux charmés de son image, l'esprit chagrin d'avoir soupçonné seulement de quelles idées saugrenues sa jolie tête était remplie.

Hors de là, je veux dire d'un mouvement plus actif de marchandises et de voyageurs allemands, de l'armée dont je ne parlerai pas parce qu'un autre l'a fait avec une science remarquable[1] et de certains systèmes pédagogiques éclos dans les brouillards du Rhin, je crois que la pénétration allemande se réduit à peu de chose.

Et d'abord, les Allemands ne sont pas aimés en Italie, du peuple tout au moins. Que voulez-vous ? les traités ne font pas les sympathies. Celles des Italiens ne les portent pas vivement vers leurs alliés politiques. La raison ? On pourrait en indiquer plusieurs, raisons tirées de l'histoire ou du tempérament des deux races, mais je crois que la principale ne doit être cherchée ni bien loin ni bien haut. Elle n'a rien de très abstrait, et c'est tout bonnement celle-ci : les Allemands ne sont pas riches, en général, et ne passent pas pour prodigues. Défaut grave en Italie, où tant de gens vivent plus ou moins de l'étran-

1. *L'Armée italienne en 1889. Notes et Souvenirs de voyage*, par M. Malo.

ger, et classent le client d'Europe ou d'Amérique d'après l'argent qu'il dépense.

Je citerai simplement, à l'appui de cette affirmation, deux petits traits amusants dont j'ai été témoin. Tous deux ont eu pour théâtre les environs de Naples ou j'étais allé, de Rome. faire une excursion rapide.

Je montais donc à cheval les pentes du Vésuve, parmi les vignes, puis les cépées de peupliers à larges feuilles, plantés en pleine lave, qu'habitent des volées de grives. J'avais, trottinant à côté de moi, un guide napolitain, plein d'esprit, et derrière, à une centaine de mètres, deux voyageurs allemands qui gravissaient plus lentement le chemin sur leurs chevaux harassés.

— Vous ne les attendez pas? demandai-je au guide.

— Bah! des Allemands, je ne comprends rien de ce qu'ils disent, répondit-il en riant.

Je vis bien qu'il y avait une autre raison, et j'ajoutai :

— Si c'étaient des Anglais, vous les soigneriez mieux?

— Oh non! monsieur: les Anglais, autrefois, étaient de bons voyageurs. Mais c'est fini : ils savent tous les prix.

— Alors, ce sont les Américains que vous préférez ?

— De vrais chiens, répondit-il. On dit parmi nous : *Americane, come cane.*

— Et les Russes ?

— Pas mauvais, mais rien ne vaut l'Australien. Quand il a bien vendu ses moutons, il arrive ici, et ça roule les *quattrini*, je vous assure, une vraie pluie.

— Alors, les Allemands...

Il se détourna, haussa les épaules, et dit en patois :

— *Tedeschi mangia sivi* (les Allemands se nourrissent de bouts de chandelle).

Puis il poussa la clameur gutturale qui sert de coup d'éperon aux chevaux napolitains : « Ah! Ah! » Et nos chevaux, prenant les devants, laissèrent cheminer placidement les deux voyageurs d'outre-Rhin, qui nous rattrapèrent au pas, à quelques cents mètres du cône de cendre.

Le lendemain soir, j'eus la confirmation très inattendue des paroles du guide.

Je revenais de Capri, l'ile enchantée dont le vin a un parfum de fleurs. Sur le bateau, nous avions l'honneur de posséder un grand-duc allemand, suivi de son secrétaire et d'un domestique nègre. Il y avait également, comme toujours, une troupe de chanteurs et de guitaristes napolitains qui, de temps à autre, avec une verve endiablée, chantaient les airs populaires, depuis l'antique *Santa Lucia*, jusqu'à cette amusante charge inspirée par le funiculaire du Vésuve, et qui s'appelle *Funiculi-Funicula*.

Quand ils virent le grand-duc, amené par un yacht blanc, monter à bord du navire, ils eurent une expression de convoitise, et, à peine l'Altesse installée sur le pont, à côté de la cabine d'arrière, se mirent en devoir de lui donner une aubade.

Le grand-duc, impassible, regardait fuir les rives de Sorrente.

Après le troisième morceau, le chef de la troupe s'approcha de lui, la casquette tendue, pour recevoir un louis.

L'Altesse, un peu distraite sans doute, se contenta de remercier d'un geste de la main, d'un sourire et d'un mot en italien : *Grazie, grazie.*

Les chanteurs pensèrent qu'il suffirait d'un ou deux autres morceaux pour mûrir cette souveraine satisfaction.

Ils recommencèrent donc à chanter. Puis, le concert terminé, avec une insistance confiante, ils tendirent de nouveau la casquette. Le grand-duc répéta : « Merci », et ce fut tout. Seulement, comme la casquette attendait toujours, le secrétaire blond, d'un geste gracieux, y déposa deux sous.

Les chanteurs s'éloignèrent en haussant les épaules, et j'entendis l'un d'eux, qui passait près de moi, dire aux autres : « Parbleu ! ce n'est qu'un Allemand ! »

La civilisation allemande, voulut-on la faire pénétrer en Italie, aurait donc dans les Allemands d'assez mauvais introducteurs. Aussi ne l'aperçoit-on guère.

Les mœurs n'ont pas changé. Les modes s'inspirent à Paris. L'Italien ne boit pas plus de bière qu'avant la triple alliance : il préfère l'eau pure ou le *vino nostrano,* un peu lourd, mais meilleur que sa réputation, comme tant de choses en Italie. Il n'a pas adopté la pipe, et continue de faire ses délices de ce cigare maigre et noir, long d'une vingtaine de centimètres, infumable pour nous. En musique, il est bien moins Allemand que nous, et n'aime, au fond du cœur, que l'opéra italien. Les programmes de concert, ceux du moins qui m'ont passé sous les yeux, étaient à peine mêlés d'une valse de Strauss. Tous les autres noms de compositeurs finissaient en *i* ou en *a*. En littérature, il n'est pas Allemand, il n'est pas même Italien : il est Français.

Rien n'est plus curieux que d'acheter, pour en avoir la preuve, la collection des journaux d'une ville. On peut affirmer qu'en moyenne, sur six grands journaux, quatre publient un feuilleton français. Ainsi à Milan, quand j'y passai, le *Secolo* publiait *Turluton*, de Maizeroy, et *la Chanteuse des rues*, d'Alfred Bertrand; le *Corriere della Sera*, *Paradis perdu*, de Jules Mary. A Venise, la *Venezia* reproduisait *Quarante mille francs de dot*, d'Emile Richebourg, et *Cinq millions d'héritage*, « di Saverio di Montépin ». A Florence, j'ai trouvé dans l'*Opinione nazionale*, les *Voleurs du grand monde*, de Ponson du Terrail ; dans le *Fieramosca*, *le Crime de Meudon*, d'Albert Delpit. A Rome, c'était *la Modèle*, de Jules de Gastyne, dans *il Popolo romano ; Dernier Amour*, de Georges Ohnet, dans *la Tribuna*. On pourrait multiplier les exemples, si l'on voulait.

Les théâtres aussi nous empruntent nos pièces. Celui des Filodrammatici jouait, pendant mon séjour à Milan, « *il Romanzo d'un giovane povero*, per Ottavio Feuillet », et annonçait l'*Odette* de Sardou. Le théâtre Rossini, de Venise, dans le programme de sa saison prochaine, avait inscrit : *le Petit Duc, le Cœur et la Main, la Mascotte, les Cloches de Corneville*. A Trieste même, j'ai eu le plaisir de rencontrer l'excellent *Abbé Constantin*, qui me paraît voyager beaucoup pour un curé de campagne.

Chez les libraires, il en va de même : leurs étalages sont pleins de livres français. J'ai le regret d'ajouter que ce ne sont pas nos œuvres les plus fortes, ni les plus saines, ni les mieux écrites qu'on retrouve là. Celles qui font honneur au génie national sont généralement absentes. En revanche, on y voit toutes celles des naturalistes et des sous-naturalistes, tous les contes graveleux, toutes les hygiènes, tous les volumes à couvertures décolletées, dont l'ensemble doit évidemment représenter, aux yeux de beaucoup d'Italiens, la littérature française. A côté, bien entendu, Tartarin lui-même le reconnaîtrait, il y a aussi quelques livres italiens, des brochures en grand nombre, — un genre disparu chez nous, et qui fleurit encore chez nos voisins, — des romans dont la plupart n'atteignent qu'un chiffre très discret d'éditions, des poésies, un peu de critique, des recherches locales attestant une vie provinciale intense, puis, tranchant sur le tout, bien en vedette, un livre belliqueux : « Les forces de terre et de mer de l'Italie exposées et jugées par un officier allemand », qui nous rappelle brusquement que nous ne sommes pas en pays ami, et dont l'éditeur, pour plus de clarté, accompagne l'annonce du petit commentaire suivant : « Cette étude, très approfondie, intéresse au plus haut point les Italiens ; elle montre les forces italiennes de terre et de mer en face d'une guerre qui n'est pas impossible et d'une nation extrêmement puissante. » Mais là encore, jusque dans ce détail de librairie, la prédominance de la culture française en Italie s'accuse énergiquement, car l'ouvrage est traduit, comme tous les ouvrages allemands qui s'adressent au grand public, tandis que nos livres, à nous, se vendent et se lisent dans leurs éditions originales

Et ceci m'amène à l'observation la plus importante, à mon avis, pour décider la question que j'ai posée.

Si l'influence de l'Allemagne était profonde en Italie, la langue allemande s'y répandrait : il n'existe pas de symptôme plus certain ni plus facile à constater. Or, c'est le contraire qui a lieu. En dehors des hôtels, on parle peu l'allemand. Et il y a de ce phénomène, outre la raison générale que j'indiquais tout à l'heure, deux motifs de tempérament.

L'Italien est un mélomane aussi fin qu'exclusif dans ses goûts. Il l'est à ce point, que sa passion de la musique forme un des plus grands obstacles qu'il éprouve à bien écrire sa propre langue. Pour lui plaire, un mot doit être sonore et la phrase s'en aller comme une eau murmurante. Sans cesse il est tenté de sacrifier à ce besoin d'harmonie la force de la pensée, la concision, tout ce qui fait le relief du style. On devine si l'allemand flatte son oreille, avec ses nottes gutturales, ses aspirations rudes et la pesanteur de ses consonnes enchaînées ! J'ai entendu dire à des cochers de fiacre, à des ciceroni : « L'allemand, langue de barbares. » Ce n'est pas juste, mais comme c'est significatif ! Quel mot de civilisé latin, quel dédain d'un peuple qui chante sa langue pour un autre qui grogne la sienne !

Et puis, l'allemand est une langue difficile. Il demande une somme considérable d'efforts à celui qui veut l'apprendre. Or, les Italiens, moins peut-être que toute autre nation, n'aiment à prodiguer leur peine quand ils n'en aperçoivent pas le profit évident. Si la mode européenne, en matière d'instruction publique, leur impose le luxe d'une langue étrangère, ils en choisiront une qui soit moins opposée au génie de la leur.

La conséquence, je le répète, c'est que l'allemand est peu répandu. Les familles riches l'apprennent, mais elles savent aussi le français et l'anglais. Dans le peuple, ou l'ignore. Dans l'enseignement des classes moyennes, il tient une place assez restreinte. Et, en effet, on ne le trouve mentionné ni dans les programmes des gymnases, ni dans ceux des lycées. Les jeunes gens qui font leurs humanités, parvenus au terme des études, ne possèdent pas les premiers principes de la langue allemande, à moins qu'ils ne l'aient apprise chez eux. Elle n'est enseignée que dans les Instituts techniques, où se préparent les agronomes, les géomètres, les comptables, les directeurs industriels, et encore dans certaines sections, et à titre facultatif, l'élève étant libre de choisir entre elle et la langue anglaise.

L'étude du français est, au contraire, presque générale. Obligatoire dans les écoles qui précèdent les Instituts techniques, elle l'est également dans toutes les sections de ceux-ci. Les jeunes gens qui se préparent à des carrières industrielles, commerciales, agricoles, apprennent donc tous notre langue. C'est déjà une fraction importante de la nation. Il n'en allait pas de même, jusqu'à ces derniers mois, de ceux qui suivaient l'autre branche de l'enseignement public, et se destinaient aux carrières libérales. Mais un décret récent comble cette lacune. Et c'est un trait bien remarquable, à mon avis, que cette expansion nouvelle du français, à l'heure même où les alliances, les intérêts commerciaux, l'orientation officielle de l'Italie, sembleraient devoir engager l'enseignement public dans une tout autre voie.

Je m'explique.

Les écoles secondaires sont régies, aujourd'hui encore, par deux lois différentes : celles de l'ancien royaume de Naples par la loi Imbriani, de 1861, qui comprend le français parmi les matières obligatoires du programme des gymnases; celles du reste de l'Italie par la loi Casati (1859), qui ne contient aucune disposition sur la matière. Or, au mois de septembre dernier, un règlement, rédigé par M. Boselli, est venu rendre cet enseignement facultatif partout où il n'était pas déjà obligatoire, partout où règne la loi Casati. Et comme je questionnais, au sujet de cette réforme, un des hommes les mieux placés pour en mesurer la portée : « Vous pouvez être assuré, me dit-il, qu'elle entrera dans les mœurs, et qu'on usera de la faculté qu'elle accorde. Je crois même que la mesure prise par le ministre n'est qu'un acheminement vers une autre plus complète et plus rationnelle. Avant dix ans, l'anomalie encore existante aura disparu, il n'y aura plus qu'une loi d'instruction publique, et tous les jeunes gens qui feront leurs humanités, qu'ils soient du Nord ou du Midi, devront apprendre le français. »

La prédiction se réalisera sans doute, mais l'innovation de M. Boselli, dût-elle en rester là, n'est pas pour nuire à l'influence française, ni au rapprochement des deux peuples.

Et je m'en réjouirai.

On ne peut, en effet, vivre quelque temps au delà des Alpes, on ne peut se lier avec un certain nombre d'Italiens, sans demeurer persuadé, — et c'est par là que je veux terminer cette comparaison rapide entre l'influence française et l'influence allemande, — que le peuple d'Italie et le peuple de France ne sont qu'artificiellement et politiquement divisés.

La première impression qu'éprouve un Italien vis-à-vis d'un Français est une impression de défiance. Il a peur de rencontrer en lui un ennemi de l'Italie; son esprit prévenu le tient sur la défensive. Parvient-on à dissiper ce premier nuage, il en reste un second. L'Italien redoute le ton gouailleur et railleur des Français. Rien ne lui déplaît tant, rien ne le met plus mal à l'aise. Il se sent, comme dit de Amicis, « humilié à coups d'épingle par ce perpétuel sourire aigu ». Mais laissez de côté tout souvenir du boulevard, soyez simple, sachez écouter, montrez quelque sympathie ou simplement de l'impartialité pour les Italiens, et vous verrez votre interlocuteur prendre confiance, s'épanouir, développer les qualités solides ou fines de sa nature : le bon sens, une ingéniosité remarquable pour saisir ou inventer des nuances, un raisonnement moins concis, mais plus enveloppant que le nôtre, des formes d'une courtoisie qui, s'adressant à un tiers, peuvent nous sembler excessives, et, s'adressant à nous, se supportent fort bien. Vous vous apercevrez aussi qu'il rend justice au fond, même avec une pointe d'envie, aux qualités de l'esprit français; vous vous apercevrez qu'il y a là-bas, aussi bien que chez nous, bon nombre de braves gens et même d'excellentes gens, rangés, occupés de leurs affaires et de leur famille, pacifiques et serviables, et qui ne nourrissent aucun noir dessein contre la France. En les quittant, je ne dis pas que vous sentirez en eux des frères, — le monde est une famille que de mauvaises lois de succession ont si souvent brouillée! — mais au moins de ces cousins éloignés qu'on avait négligés et tenus assez longtemps en une certaine défiance, qu'on retrouve un jour, qu'on découvre presque, et dont on dit en rentrant chez soi : « Mais, vous savez, ma chère, nos cousins Y..., pas mal du tout, bien mieux que vous ne pensiez. Pourquoi ne sommes-nous pas en relations? C'est dommage! » Surtout vous emporterez la conviction que ce qu'on a appelé la pénétration allemande en Italie se réduit à peu de chose. Les alliances ne changent ni le tempérament, ni les origines, ni le génie d'un peuple. Entre les deux alliés d'aujourd'hui, tout cela est différent. Je crois que l'élégance florentine, la finesse romaine, la gaieté napolitaine ne fleuriront jamais sur les bords de la Sprée, et je tiens pour également sûr que l'Allemand, par nature, est insoluble dans le bleu.

XV

L'enseignement secondaire à Rome.

J'ai visité, à Rome, le lycée Ennio-Quirino-Visconti, l'ancien collège romain, pris aux jésuites. Je n'ai pas besoin de dire que c'est un fort beau monument, d'une large ordonnance. Les classes n'étaient pas encore définitivement installées. Elles m'ont paru ressembler beaucoup à toutes celles de nos établissements universitaires, sauf qu'on y voit le buste de Victor-Emmanuel et celui du roi Humbert accrochés le long des murs. De ce côté-là, rien de bien nouveau. Mais j'étais accompagné par le directeur *(preside)*, M. Valentino

Cigliutti, homme fort obligeant et fort instruit, qui m'a donné, sur l'enseignement secondaire en Italie, mes premiers renseignements. Je les ai complétés en causant avec des professeurs de l'enseignement libre, et j'ai pu m'apercevoir qu'au milieu d'analogies nécessaires l'organisation des études, là-bas, présentait des traits originaux qui la distinguent de la nôtre. Ce sont ces originalités que je voudrais grouper et résumer ici.

Tout d'abord, on pourrait comparer l'ensemble des études, en Italie, à un losange dont la pointe inférieure représenterait les communes études primaires, et la pointe supérieure les Universités, où se retrouvent les jeunes gens, après avoir suivi l'une de ces deux voies : la voie technique ou l'autre, celle des humanités. En effet, après cinq années d'école primaire, la route se bifurque. Une partie de la jeunesse s'adonne plus particulièrement aux sciences, passe trois ans dans une école technique, puis quatre ans dans un institut technique, et enfin peut conquérir un dernier diplôme d'ingénieur-architecte, par exemple, dans les universités ; l'autre prend la direction qui mène chez nous au baccalauréat ès lettres et, en Italie, à la licence lycéale, fait cinq ans de gymnase, trois ans de lycée, et aborde ensuite l'enseignement supérieur du droit, des lettres, de la médecine ou des sciences.

Je laisse de côté les études techniques, pour m'en tenir aux humanités. Celles-ci forment donc un ensemble de huit années. Les ministres italiens ont, pendant cette période, multiplié les examens : examens d'admission au gymnase, puis au lycée, examens de passage d'une année à l'autre, enfin trois examens de licence, l'un après la troisième année de gymnase *(licenza dal ginnasio inferiore)*, le second après la cinquième *(licenza dal ginnasio superiore)*, le troisième à la fin des trois années de lycée *(licenza liceale)*.

Les écoliers italiens sont donc, plus que les nôtres, chargés d'épreuves. Et ils n'ont pas moins d'heures de classe : vingt heures obligatoires par semaine dans les gymnases inférieurs, vingt-deux dans les gymnases supérieurs, vingt-quatre dans les lycées. La seule différence peut-être, et elle constitue une supériorité du système italien, c'est qu'aucune classe ne doit se prolonger au delà d'une heure et demie sans un repos.

Ne nous y trompons pas : nos jeunes voisins travaillent.

Il est vrai que les règlements sont assez prodigues de vacances. Sans parler des mois d'août et de septembre, les gymnases et les lycées ont de nombreux jours de congé, dont la liste est curieuse, formée qu'elle est de deux éléments et sous deux inspirations d'origines différentes. Ce sont d'abord les dimanches, la Toussaint, la fête de la Conception de la Vierge, le Premier de l'an, l'Epiphanie, l'Ascension, la fête du *Corpus Domini*, celle des apôtres Pierre et Paul, celle du saint patron, la commémoration des morts, puis l'anniversaire de Victor-Emmanuel, le jour de la naissance du roi, le jour de la naissance de la reine, auxquels il faut ajouter encore seize jours de vacances à distribuer, par les soins du Conseil provincial, entre les fêtes de Noël, du Carnaval et de Pâques. Ce calendrier panaché donnerait facilement matière à plus d'une réflexion. Je reviens aux examens.

Il serait fastidieux de passer en revue le programme des trois licences. Je n'indiquerai que celui de la dernière, la licence lycéale. C'est l'examen de fin d'études, celui qui donne accès aux universités et aux carrières publiques.

La licence lycéale comprend d'abord deux séries d'épreuves littéraires, l'une écrite, l'autre orale.

Les épreuves écrites sont les suivantes : une composition italienne sur des sujets variés, dont je donnerai tout à l'heure des exemples, une version latine et, chose étrange, un devoir de sciences ou une version grecque, au choix du candidat, qui peut, d'ailleurs, choisir les deux.

L'épreuve orale porte sur la littérature italienne en général et Dante en particulier, sur le latin, — histoire littéraire, métrique, explication des auteurs, — sur le grec, la philosophie, l'histoire du moyen âge et l'histoire moderne.

Mais, pour avoir bien répondu sur tant de sujets, l'élève italien n'est pas encore licencié. Il a un titre, sans doute, mais insuffisant pour lui permettre de s'inscrire dans les universités du royaume. Pour acquérir le droit d'aborder les études supérieures, il doit encore subir une épreuve scientifique et démontrer ses capacités en mathématiques (algèbre, géométrie, trigonométrie), en physique et chimie, en minéralogie et physiologie.

Alors seulement cette pauvre petite cervelle, déjà pétrie par treize années d'études et d'examens, peut se soumettre à une nouvelle préparation et suivre le régime de la *laurea* en droit, ou ès lettres, ou ès sciences, ou en médecine, qu'on obtient après quatre, cinq ou six ans.

Quand elle aura résisté à ces manipulations successives, elle n'aura plus à résoudre qu'une seule question, la plus difficile de toutes, il est vrai, surtout en Italie : étant donné un homme qui sait exactement ce que sont réputés savoir une multitude d'hommes plus âgés, plus hardis et tout autant protégés, conquérir une place qu'ils ont tous demandée avant lui. Et l'on verra ces ambitions, de toutes parts heurtées et repoussées, se rabattre sur les plus humbles emplois de l'État. Des faits stupéfiants se produiront. Le ministre des postes, par exemple, annoncera qu'il ouvre un concours pour soixante places d'employés subalternes, et onze mille candidats se présenteront, dont plus de deux cents munis de diplômes universitaires, et qui voudraient être facteurs [1] !

Si l'on veut se rendre compte de l'esprit de cet enseignement secondaire en Italie, c'est surtout dans les compositions italiennes imposées aux épreuves de licence qu'on devra le chercher. Je me suis procuré un certain nombre de sujets donnés récemment soit dans les gymnases, soit dans les lycées. Dans le premier cas, le choix est fait par une commission de professeurs, et peut se trouver différent ici et là; dans le second, il est fait pour tous les lycées par le ministre de l'instruction publique et envoyé par dépêche, le matin même de l'examen, d'une extrémité à l'autre de l'Italie. L'observation n'est pas sans utilité, comme on va le voir.

Parmi ces sujets, il en est évidemment un grand nombre qui n'ont aucune allure poli-

---

1. *Journal des Débats*, 26 juin 1889 (dépêche de Rome).

tique, et n'indiquent pas davantage une direction morale que cent autres thèmes analogues soumis par la tradition des humanistes d'Europe à l'inexpérience nécessaire de leurs jeunes produits. Les compositions pour la licence de gymnase sont particulièrement anodines. On proposera, par exemple, le récit d'un voyage d'aventures, « l'éloge d'un citoyen orné des plus belles et des plus austères vertus »; si l'on parle de l'Italie, ce sera comme on peut le faire à des enfants très jeunes encore, auxquels on ne demande pas autre chose qu'un peu de sentiment et d'imagination : « Pourquoi aimé-je mon Italie? Parce qu'elle est la terre où je suis né; parce que, sous tous ses aspects, elle est belle, et puis, pour ses gloires et ses malheurs; enfin, pour la même raison que chacun de nous aime sa mère. » (Gymnase E.-Q. Visconti, session de juillet 1888.)

Le ton change avec la licence de lycée. Il est donné par le ministère. Les jeunes gens qui composent ont dix-sept ou dix-huit ans. Demain, ils seront électeurs. On se préoccupe déjà de leurs tendances. On veut tâter l'opinion de cette jeunesse qui grandit, et les sujets deviennent de vrais interrogatoires, je ne dis pas tous, mais quelques-uns.

A la session d'octobre 1880, ces deux devoirs, — le premier, si curieusement italien, — sont proposés au choix de l'élève :

« L'or n'est pas le nerf de la guerre; le courage, l'amour de la patrie, la discipline, font grandes les armées. Montrer par des exemples historiques la vérité de cette pensée. »

Ou bien : « La jeunesse est appelée l'espérance de la patrie. Que vous semble-t-il, aujourd'hui, que la patrie espère de vous ? »

Le temps marche. D'autres ministres arrivent au pouvoir. La question se renouvelle, cette fois plus précise, et la voici, sous trois formes différentes, posée pendant trois années.

Session de juillet 1889 : « Souvenirs et espérances d'un jeune homme qui aime la famille, l'étude et la patrie. »

Session d'octobre 1887 : « Quelle part ont eue, dans l'unification de l'Italie, les poètes anciens et modernes, et toutes nos traditions littéraires? »

Session de juillet 1888 : « Comment l'Italie, divisée pendant des siècles, est-elle parvenue à l'unité nationale? Quels sentiments et quelles résolutions inspire au jeune homme cette glorieuse renaissance de la patrie? »

Cette déclaration de principes, demandée en de telles circonstances et sous une pareille forme, ne me semble pas, je l'avoue, un procédé éminemment libéral, d'autant mieux que la majeure partie des candidats, à Rome du moins, a fait ses études dans les écoles privées, le plus souvent catholiques, ou simplement dans la famille. Et là, peut-être, sur une question aussi complexe, aussi brûlante que celle de l'unité italienne, tout le monde n'avait pas les mêmes idées que le ministre.

En 1887-1888, les lycées de Rome ont présenté soixante-douze candidats à la licence, dont soixante-neuf ont été reçus. D'autre part, les écoles privées et les écoles paternelles, — ce dernier mot comprend toutes sortes de méthodes hâtives ou fantaisistes, — en ont présenté cent vingt-sept, dont soixante-douze ont réussi et soixante-cinq échoué. Je me demande quel a été le sort des jeunes gens, — et il a dû s'en trouver, — qui ont eu le rare courage d'exprimer une opinion ou seulement une réserve contraire au mandat impératif que contenait le sujet?

En revanche, je suis heureux de noter une innovation inspirée par un esprit tout différent de celui-là dans la composition des jurys d'examen.

Les élèves des lycées passent la licence dans le lycée même où ils ont été instruits. Les élèves des écoles libres demandent l'un des lycées de la ville, en s'adressant au proviseur de province *(provveditore)*, fonctionnaire établi à la préfecture. Pour ceux-ci, M. Bonghi avait décidé qu'on adjoindrait au jury un professeur d'établissement libre. Le ministre actuel de l'instruction publique, M. Boselli, satisfait sans doute des résultats obtenus, a étendu la réforme à tous les examens de licence de lycée, quelle que soit l'origine de l'étudiant, qu'il vienne d'un établissement public ou d'un établissement privé, de sorte qu'aujourd'hui les jeunes Italiens subissent les épreuves correspondant à notre baccalauréat devant un jury qu'à la rigueur on peut qualifier de jury mixte, composé du *preside* et de six professeurs du lycée, enfin d'un membre de l'enseignement libre désigné par le *provveditore* de la province. L'élément officiel y est prédominant, mais l'autre n'est pas exclu. C'est un trait remarquable de la nouvelle législation.

A un point de vue voisin de ceux-là, il est encore curieux de consulter le nouveau règlement du 24 septembre 1889, je veux dire dans celles de ses dispositions qui concernent la distribution et les matières de l'enseignement.

Pour m'en tenir à la période la plus importante des études, celle du lycée, j'observe d'abord que la philosophie occupe seulement deux heures par semaine, mais qu'elle est répartie entre les trois années : la première année, on enseigne la psychologie ; la seconde année, la logique ; la troisième année, l'éthique. Sur chaque point, un petit commentaire destiné à guider le maître. Le ministre indique la marche à suivre dans l'analyse des facultés de l'âme et dans celle du raisonnement. Il arrive ensuite à la morale, et ici je traduis, la question pouvant, plus facilement que les autres, éveiller la pensée d'une comparaison :

« La morale considérée dans le sujet : acte humain et ses conditions, conscience, habitudes, passions, vertus, caractère, imputabilité et responsabilité. La morale considérée dans son objet : loi morale, le bien et ses espèces, le bien moral, l'obligation. Droits et devoirs. Le devoir et ses catégories : en particulier les devoirs religieux, les devoirs envers soi-même, les devoirs envers autrui, distingués principalement en devoirs de famille, sociaux et civils. Droits : droit à la liberté personnelle, droit de propriété, droits domestiques. Idée de la nation, de l'État, du gouvernement et de leurs fonctions. Constitution représentative. Constitution politique du royaume d'Italie. »

L'italien et le latin occupent le plus grand nombre d'heures; le grec, l'histoire civile et les mathématiques viennent ensuite à égalité.

Le programme pour l'histoire est extrêmement vague, et ne peut donner lieu à aucune observation. Mais il en va tout autrement de celui des études italiennes. Et d'abord il y a un article 9 qui m'a paru d'une inspiration intelligente et heureuse. Dans chaque année de gymnase, il prescrit de faire lire aux élèves, et en entier, une anthologie de prose et poésie, et une œuvre en prose ; dans chacune des années de lycée, au moins deux œuvres en prose, appartenant de préférence à des époques différentes. Ces lectures se font partie au lycée, partie à la maison. Le maître assigne tel ou tel passage à ses élèves, qui doivent en rendre compte à la classe suivante. Il est recommandé de faire lire de même, non pas dans des analyses ou par extraits, mais dans le texte intégral, les grands poètes italiens.

Les œuvres désignées, entre lesquelles le professeur fera son choix, sont, dans les lycées : la *Vita nuova* de Dante, la *Chronique* de Dino Compagni, le *Courtisan* de Castiglione, la *Vie de Benvenuto Cellini*, revue à l'usage des écoles, les *OEuvres choisies* de Guichardin et de Galilée, l'*Histoire de Naples* de Coletta, les *Fiancés* de Manzoni.

En dehors des textes lus, il y a les textes d'étude, imposés uniformément à chacune des classes. Et là encore la liste n'est pas sans intérêt. Elle atteste notamment que le culte de Dante, autrefois si universel et si ardent, ne s'est pas sensiblement refroidi chez nos voisins, et que l'excellent Manzoni, qui n'est plus sans détracteurs chez eux, occupe encore une place honorable dans l'enseignement officiel. Les jeunes lycéens consacrent la première année au premier chant de la *Divine Comédie*, au *Chansonnier* de Pétrarque, aux *Nouvelles choisies* de Boccace, aux *OEuvres lyriques et Petits Poèmes* de Monti ; la seconde année, au deuxième chant de la *Divine Comédie*, aux *Histoires florentines* de Machiavel, aux *Poésies* de Léopardi ; ils acquièrent quelque notion des grands auteurs des xve, xvie et xviie siècles, principalement du *Roland furieux* et de la *Jérusalem délivrée* ; enfin, la dernière année, ils achèvent le commentaire de la *Divine Comédie*, étudient les *OEuvres lyriques* de Foscolo, les *Poésies* de Manzoni et les *OEuvres* en prose de Léopardi.

Je n'ajouterai à ces notes qu'un simple détail. J'ignore quelle est la diffusion de l'instruction secondaire dans l'Italie en général. Elle doit être partout considérable, à en juger par le nombre des étudiants qui peuplent les universités. Mais je n'ai pu m'en rendre compte qu'à Rome, et là, du moins, je puis citer quelques chiffres. Rome a quatre gymnases royaux qui comptaient ensemble, en 1887-1888, sept cent soixante-cinq élèves, et trois lycées, le lycée Ennio-Quirino-Visconti, le lycée Humbert Ier et le lycée Mamiani, qui avaient, à la même époque, une population scolaire de trois cent vingt-huit jeunes gens. Si l'on ajoute à ces chiffres le contingent des écoles techniques dont je n'ai pas parlé, et qui se montait à plus de onze cents élèves, celui des écoles privées et des jeunes gens instruits dans leur famille, on arrive à un total évidemment fort élevé. Rome n'est pas une ville d'études, et l'observation que je fais ici doit être vraie *a fortiori* pour la plupart des grandes villes d'Italie : Milan, Turin, Bologne, Florence et Naples.

Au delà des monts, comme en France, et plus qu'en France peut-être, un mouvement très vif entraîne donc les familles du peuple et de la bourgeoisie à faire donner à leurs fils l'instruction secondaire. Seulement, en Italie, les études techniques détournent à leur profit une notable partie du courant. Il y a une poussée formidable, une levée en masse, aussi bien qu'en France, vers les carrières libérales et les emplois publics; mais tous les conscrits ne sont pas dirigés sur le même régiment. Les humanités sont encore le partage d'une élite, et la question du latin, si vivement agitée parmi nous, n'en est pas une en Italie.

XVI

La Loterie.

— Pourquoi joues-tu, Bonifazio?
— Excellence, parce que j'espère gagner.
— Mais tu perds toujours!
— Excellence, il ne faut qu'une fois!
— Ne ferais-tu pas mieux de travailler?
— Excellence, c'est bien plus dur que de perdre.

Ce bout de dialogue, surpris au coin d'une rue, exprime le sentiment de nombre d'Italiens, des petites gens surtout, à l'endroit de la loterie. Ils ne la voient pas telle qu'elle est réellement, cause permanente de misère ajoutée à tant d'autres. Elle leur offre une chance de fortune, et, si faible que soit cette chance, comme ils n'en ont souvent point d'autre, ils se prennent à l'aimer. Ils l'aiment aussi pour son imprévu, pour l'émotion forte qu'elle donne, pour le doux rêve de *far niente* qu'évoque son seul nom.

Chose étonnante et vraie pourtant : les gouvernements n'ont pas inventé cette forme du revenu public, ils l'ont subie ! Elle a été voulue, poursuivie par le peuple avec la même opiniâtreté qu'il a mise d'autres fois à secouer un impôt. Il voulait celui-là, et il a eu du mal à l'obtenir. Ça été l'objet d'une lutte de plus d'un siècle, où rien ne manque des péripéties accoutumées des grandes luttes populaires, prohibitions des princes, résistance de la foule, concessions temporaires suivies de réaction, impuissance définitive des lois débordées par les mœurs : on dirait, en vérité, qu'il s'agit d'une conquête précieuse, et ce n'est qu'une nation passionnée pour le jeu qui réclame la liberté de se ruiner.

On la lui a donnée.

Le dernier auteur qui ait traité ce point d'histoire, M. P. Assirelli, dans la *Rassegna nazionale* des 1ᵉʳ juin 1888 et 16 février 1889, attribue l'honneur de l'invention aux Génois. Ce sont eux, du moins, qui firent entrer la loterie au nombre des institutions de l'État. Depuis longtemps ils perdaient leur argent à parier entre eux sur le sexe des enfants à naître, comme les Vénitiens sur le doge futur. On devait trouver mieux. Deux citoyens de l'astucieuse cité réussirent donc, en 1644, à se rendre adjudicataires d'une entreprise officielle de loterie qui, moyennant la redevance annuelle de cinquante-huit mille quatre cents livres, fut reconnue d'utilité publique et recommandée aux masses par la sérénissime république. Peu de temps après, Milan octroyait la même faveur à deux autres Génois.

La loterie était fondée. Toute l'Italie se met à jouer. Mais, comme il n'y a que deux boutiques, tous ceux qui n'en tiennent pas une protestent aussitôt : Piémont, duchés, Rome et Naples. Personne n'y manque. Il faut bien dire que la morale avait aussi sa grande part dans ce mouvement de résistance. On porte donc des répressions sévères contre ceux qui risquent leur argent à des jeux étrangers. Les édits se succèdent et se renvoient les uns aux autres comme des échos, des mots terribles : amendes, prison, galères. On peut bien dire : peines perdues. Gênes gagne des sommes folles. Partout ailleurs, le Trésor s'appauvrit. Il y a tellement de gens qui méritent les galères qu'on hésite à les condamner. Voilà les princes qui faiblissent. Ils essayent, les uns après les autres, d'une petite loterie pour faire plaisir au peuple. Le malheur est qu'ils y prennent goût. Ils reviennent un instant sur leur première concession, effrayés des désordres auxquels elle donne lieu. Mais la brèche est faite. Bientôt, ils sont contraints de capituler. La loterie triomphe sur toute la ligne. Les papes mêmes sont vaincus dans cette lutte où ils ont déployé la plus grande vigueur. Benoît XIII ne rend pas moins de trois édits en trois ans pour défendre le jeu. Mais son successeur cède à l'incorrigible passion des masses. Après avoir constaté que ses prédécesseurs ont tout fait pour détourner leurs sujets des loteries de Milan, Gênes et Naples, que ceux-ci n'ont pas su, n'ont pas voulu renoncer à cette fureur du jeu, Clément XII, pour éviter les fraudes nombreuses dont les Romains sont victimes, pour empêcher qu'une somme énorme ne sorte à chaque tirage de l'État pontifical, au profit des États voisins, établit la loterie à Rome en 1732, et décide que le bénéfice en sera employé en œuvres pies. La Toscane résistait encore. Cette même année 1732, le grand-duc Jean Gaston promulgue un édit punissant les joueurs de deux mille écus d'amende et des galères. Dernier retour offensif qui précède la défaite : la maison de Lorraine succède aux Médicis, et, en 1739, les Florentins conquièrent enfin leur loterie officielle.

Le gouvernement actuel n'a donc fait que recueillir et continuer des traditions antérieures, fâcheuses, il est vrai, et le *regio lotto* peut invoquer comme excuse atténuante tous les *lotti* d'autrefois.

Il ne semble pas disposé, d'ailleurs, à renoncer à cette source considérable de revenus. La loterie produit des millions, et les chiffres vont grossissant avec la misère publique, phénomène trop naturel pour qu'il soit nécessaire de l'expliquer. En 1874, les sommes engagées représentaient soixante-quinze millions ; en

1875, elles sont de soixante-treize millions ; en 1878, de soixante-huit millions seulement. On eut l'espérance, à ce moment, que les caisses d'épargne postales, créées en 1875, dériveraient utilement une partie de l'épargne engloutie par le jeu ; mais le remède n'a point eu l'efficacité qu'on croyait, et l'ensemble des mises, pour l'année 1887-1888, monte au total énorme, et qui n'avait pas été atteint jusque-là, croyons-nous, de quatre-vingt-quatre millions. Là-dessus, une moitié environ est employée en primes et versée aux gagnants, l'autre moitié reste au banquier, l'État.

Quant aux règles du jeu, elles ont un peu varié.

Autrefois, par exemple, à Gênes et à Venise, on tirait au sort entre cent trente-quatre noms d'animaux, le chat, le loup, la brebis, la chèvre ; à Milan, entre quatre-vingt-dix professions féminines, la modiste, la dentellière, la tisserande ; à Naples, on mettait dans l'urne des noms comme le ciel, la mer, les étoiles. Aujourd'hui le fisc italien, moins fantaisiste, moins poète, se borne à opérer sur des numéros, de 1 à 90 inclusivement, dont cinq sont extraits, et forment les numéros gagnants.

Autrefois encore, du temps du président de Brosses, et depuis, le tirage avait lieu tous les mois. Nous sommes loin de là, vraiment. Il y a maintenant un tirage par semaine, dans chacune des directions de la loterie : Turin, Milan, Venise, Florence, Rome, Naples, Bari et Palerme. Tout s'y passe administrativement et uniformément. Car nous sommes en présence d'un grand service public. La loterie dépend du directeur des gabelles, rattachées elles-mêmes au ministère des finances. Ses boutiques couvrent l'Italie, et l'on ne peut visiter la moindre petite ville sans rencontrer, à côté du magasin de « sel et tabac », cette autre officine du Trésor, d'apparence peu plaisante, ouverte à tous les vents, au-dessus de laquelle une enseigne porte : « Banco del lotto. »

C'est là. Si vous voulez jouer, ne faites pas trop attention à la mine de l'établissement, et entrez. Le gouvernement n'est pas exigeant. Vous pouvez ne risquer que huit centimes, — avant 1880, on pouvait même n'en jouer que deux ! — c'est le minimum. Le receveur, — un employé nommé au concours, — écrira devant vous, sur un registre à souche, la date du tirage auquel vous prendrez part, le numéro du bureau, celui du registre, les nombres joués, les mises faites sur chacun. Vous aurez soin de comparer attentivement le reçu qu'il doit vous remettre au talon qu'il conserve, et puis vous attendrez la fin de la semaine.

Alors, au jour prescrit, un enfant élevé par la charité publique, — la main de l'innocence, — tirera les numéros, dans chacune des huit provinces que j'ai nommées.

Selon toute probabilité, vous avez perdu.

Dans le cas contraire, que gagnez-vous? Cela dépend. La loterie est riche en combinaisons, et c'est, comme dit un ancien voyageur, « un biribi très compliqué ». Mais il suffit de savoir ceci : en pariant qu'un numéro sortira dans les cinq, vous gagnerez, en cas de succès, douze fois et demie votre mise; si vous assignez un rang à ce numéro, et que vous jouiez, par exemple, 48 placé troisième, vous pourrez gagner soixante-deux fois et demie votre mise; si vous alliez deux numéros, et qu'ils sortent l'un et l'autre, vous la gagnerez trois cents fois; si, de même, vous opérez sur

trois nombres, vous la gagnez cinq mille fois.
Cette triple alliance qui réussit, un « *buon
terno* », c'est le rêve de tout Italien du peuple,
un bonheur passé en proverbe. Je me rappelle
avoir lu, dans la lettre d'un petit mousse vénitien : « Naviguer sur la mer Noire, en ce mois
de novembre, vous le savez, ma mère, c'est
hasardeux comme un terne. » Songez qu'il y a,
en effet, cent dix-sept mille quatre cent quatre-vingts combinaisons possibles ! Quant à jouer
au quadruple — *quaterno* — et à gagner soixante-huit mille fois sa mise, on n'ose point parler
de ces choses folles. Les gagnants doivent être
des êtres légendaires. On raconte, — mais je
n'y crois guère, — qu'un abbé napolitain, il
y a quelques années, réussit ce coup merveilleux. Il avait mis un assez fort enjeu, et
la somme à payer s'élevait à plusieurs millions. Peut-être l'administration a-t-elle réussi
à faire une transaction, comme dans le cas
du fameux marquis *dei cinque* : les cinq
numéros de ce joueur heureux sortirent à la
loterie, — cela se passait en des temps anciens, — et le gouvernement d'alors, très empêché de lui payer tout l'argent qu'il fallait,

imagina de lui conférer le marquisat pour appoint.

Si rares que soient de pareilles chances, elles peuvent évidemment se présenter, et constituent pour le banquier un danger redoutable. Il en est de même de ces entraînements subits, souvent inexplicables, qui portent les masses à jouer sur le même chiffre et à le charger outre mesure.

Croyez bien que les règlements y pourvoient. Ils le font de deux manières. D'abord, en limitant le total des mises qui, dans chaque province, peuvent se grouper sur le même numéro. Cette dot, pour chacune des quatre-vingt-dix unités, est à Bari de deux mille quatre cents francs; à Florence, de quatre mille francs; à Naples, de six mille quatre cents francs; à Palerme, de trois mille six cents francs; à Rome, de trois mille deux cents francs; à Turin, de quatre mille francs; à Venise, de trois mille six cents francs. Quand un chiffre a toute sa dot, la plus belle qu'il puisse avoir, c'est comme une jeune fille trop riche : on ne peut plus le demander.

Par surcroît de précaution, l'État fixe le

maximum de ses pertes à six millions par semaine. Au delà il ne payera rien. Si les joueurs ont gagné plus, il réduira leurs gains. Voilà qui est fort simple.

Et ce n'est pas tout : il a inventé de retenir l'impôt de la richesse mobilière de 13,20 pour cent, sur tous les lots qu'il verse. On croit gagner cent francs, on n'en touche pas même quatre-vingt-sept.

Tout est donc bien calculé : le Trésor ne se ruinera pas. La ruine est pour d'autres, pour le peuple qui jette à la loterie les millions de son épargne, et avec quelle passion, avec quelle crédulité superstitieuse et folle, les faits sont là pour le dire.

A Naples surtout, la loterie est en pleine vogue. Tandis que l'Italien en général joue deux francs quatre-vingts centimes par an, le Napolitain joue, en moyenne, quinze francs soixante-quatorze centimes[1]. Dans cette population ignorante et mobile, tout à coup, des courants se produisent. On la voit se préci-

---

1. Ce chiffre est donné par M. Claudio Jannet, dans les remarquables études économiques qu'il publie dans *le Correspondant*.

piter sur le même nombre mystérieusement désigné, le couvrir d'or, engager ses vêtements et son mobilier. C'est un accès de fièvre spéciale, et les exemples en sont communs.

Ainsi, au mois de juillet 1889, tout Naples avait parié pour le numéro 57. Comment cela se fit, veut-on le savoir?

La faute en fut à Giovanni Giannone, un simple popolano qui jouissait d'une réputation d'inspiré pour le choix des billets de loterie. L'*assisté*, comme disait le peuple, s'était rendu, le 6, à Castellamare, chargé des intérêts de plusieurs joueurs, ses amis. Un groupe de jaloux eut connaissance de la chose, et dépêcha un émissaire pour le surveiller. On vit Giannone entrer dans un bureau de lotto et jouer exclusivement sur le numéro 57, — un nombre, comme vous pensez bien, qui fut télégraphié à Naples, — de sorte qu'à son retour, il se trouva enveloppé d'une foule de lazzaroni, ouvriers du port et autres, qui lui demandaient conseil : « Qu'as-tu joué? Que faut-il jouer? » Il essaya d'éluder la question, prétendit qu'il ne savait pas encore... Mais un témoin bien informé cria : « 57 »! Giannone se vit découvert.

« Puisque vous savez, dit-il, je ferai le reste. »
Il se rendit donc, escorté de la foule, à sa maison, y entra, et, devant tous, écrivit au charbon sur le mur : « 57 placé troisième. »

On suivit l'oracle. Quelques jours après, cependant, des camarades de l'assisté, inquiets pour leurs mises, interpellèrent Giannone dans la rue, et l'accusèrent d'imposture. Celui-ci ne s'émut pas, mais les emmena dans un bureau de loterie, demanda au receveur la permission de prendre pour un instant le panier aux numéros, puis, en présence de ses accusateurs, dit à une enfant de sept ans qui se trouvait là : « Tire les numéros. » La petite tira 37, 45, et enfin 57, 57 placé troisième ! Ce fut alors une fureur. Tout le monde voulut jouer 57. Le gouvernement s'émut, fit savoir que la dot du chiffre était dépassée, qu'il ne payerait pas... Rien n'arrêta la gloire de 57. On continua de parier pour lui, en lui donnant 37 pour compagnon, — car, pour *l'ambo*, les mises sont illimitées, la *dot* n'existe pas. — Naples seule risqua, en une semaine, plus de cinq cent mille francs représentant plus d'un million d'enjeux. Milan, averti de la fortune qui se préparait, joua aussi. On a calculé que si le numéro 57 était sorti, les gains se seraient montés à soixante-dix millions... Hélas! ce fut 56 qui vint, troisième appelé, à la loterie de Naples! Faute d'un point, que de rêves s'écroulaient!

Vous pensez peut-être que le menu peuple, attrapé de la sorte, perdit sa confiance avec ses écus, et se trouva guéri de croire en Giovanni Giannone l'assisté? Pas du tout. Nul ne lui enlèvera la conviction que Giannone ne s'était pas trompé, mais que les agents de la loterie, inquiets pour le Trésor, avaient escamoté 57. Et la preuve n'était-elle pas évidente? 56, juste le nombre inférieur, n'était-il pas venu, autant qu'il le pouvait, remplacer son aîné?

Une autre méthode, extrèmement suivie, consiste à consulter les livres cabalistiques. Les traités spéciaux ne manquent pas, tant anciens que modernes : *le Livre des songes, l'Hôtel de la Fortune, le Livre des nombres, l'Art de choisir les billets de loterie, la Clef d'or, le Philosophe errant.* Il n'y a guère de maison, en Italie, qui n'en possède un ou plusieurs, et j'eus une occasion amusante de le constater.

Je me trouvais en visite chez un ami qui habite, dans le quartier du Quirinal, un palais où les Français sont admirablement reçus. Nous causions à bâtons rompus, quand le hasard amena entre nous la question de la loterie.

— Est-ce que vous auriez, lui dis-je, un de ces livres de présages, où les joueurs vont chercher une combinaison heureuse?

— Non, j'avoue que je n'en use pas.

— Et vos gens?

— Ma foi, je n'ai jamais eu la curiosité de m'informer s'ils en avaient, mais, j'en suis sûr, ils sont trop bons Romains, trop bons Italiens du peuple pour faire exception à la règle. Voulez-vous tenter l'expérience?

Il appela le valet de pied.

— Benedetto, dit-il, n'aurais-tu pas un de ces livres qui font gagner à la loterie?

— Moi? oh non! Excellence.

— Mais, dans le palais, tu ne trouverais pas...

— Votre Excellence sait bien que ce sont là des contes, et que, d'ailleurs, nous ne jouons pas...

— C'est dommage. Voilà un Français de mes

amis qui aurait beaucoup désiré consulter un de ces guides-là.

L'autre fit la grimace drôle d'un homme qui vient de manquer une affaire, et se retira.

— Vous pouvez être certain de le revoir tout à l'heure, me dit mon hôte en riant. Benedetto est un garçon de ressource : la mémoire va lui revenir.

En effet, cinq minutes après, Benedetto rentrait, un livre à la main.

— Je me suis souvenu, dit-il en entrant, que le portier avait le *Livre des songes*; je crois même que le cocher a un autre ouvrage; si cela peut intéresser monsieur, j'irai le chercher. Il y a aussi la femme de chambre de madame...

— Non, Benedetto, celui-là suffit.

C'était un gros volume, froissé par un long usage, usé aux tranches par le frottement des mains qui l'avaient feuilleté, et qui portait pour titre : « *Livre des songes*, unique méthode pour gagner à la loterie, enrichie de trente-cinq mille mots correspondant à un seul chiffre, le plus accrédité par l'expérience et le plus conforme aux antiques méthodes, avec les règles, les combinaisons, les tirages, depuis le premier, fait sur la place du Capitole en 1832, jusqu'en 1883. »

On trouve là, en effet, outre des combinaisons extrêmement savantes, un dictionnaire des mots auxquels répondent, comme des synonymes dans la langue du sort, des nombres variés.

Je dirai tout à l'heure la manière de se servir de pareilles listes. Apprenez d'abord, ce que vous devez ignorer assurément, qu'une abbesse élue, c'est 72; qui fuit, 13; malade, 26; morte, 33; — un abbé qui prêche, 45; — une chemise, 1; — embrasser un ami, 23; — abondance de fruits, 2; de légumes, 35; de dettes, 10; — un baiser en général, 7; mais si on embrasse sa mère, 52; ses enfants, 60; le pied, 3; — la basilique de Latran, 84; — une canne à pomme d'argent, 6; à pomme d'or, 63; — une bête qui court, 45; qui hurle, 41; qui boit, 21; — un chapeau qui tombe, 56; — une queue de chien, 9; de cheval, 86; — un ébéniste, 28; mais s'il travaille, 38; — le pape qui bénit, 55; en audience, 21; malade, 48; mort, 85; — la flotte française, 44; espagnole, 73;

anglaise, 90 ; italienne, 81 ; — le jubilé du pape, 49.

On devine si le dernier jubilé du pape a fait jouer sur le numéro 49 ! Il s'est trouvé que 49 est sorti, en effet, au tirage, et qu'on a beaucoup gagné. Par contre, le voyage de M. Crispi en Sicile a fait perdre de belles sommes. Le nombre correspondant à « ministre qui voyage », avait refusé de se montrer.

Dès lors, vous apercevez comment on use du dictionnaire. C'est un événement de la vie, si petit soit-il, qui décide le joueur, et lui désigne le bon numéro. Votre chapeau tombe, vous jouez 56. Votre fiancée vous donne un baiser, vous cherchez : « baiser en général », et vous jouez 7. Un simple nom propre, auquel vous pensez, peut vous fournir une indication. Aspasie, c'est 31 ; Briséis, 12 ; Isabelle, 10 ; Marie, 90 ; Paris, 40 ; Pernambouc, 59. Sans doute, il y a des faits compliqués, dont il n'est pas facile de dégager la formule. Mais, en cherchant bien, on découvre au moins des analogies avec d'autres faits prévus et catalogués. Ainsi, le soldat Postillo, récemment, sur la route de Tivoli, est atteint par la roue d'une charrette, et si malheureusement qu'il a le crâne fracassé. Vous l'eussiez relevé. Il se trouva sans doute des gens pour le faire, mais aussi tout un groupe de femmes qui discutaient, autour du moribond, le chiffre qu'on devait jouer en pareille aventure.

Le plus délicat peut-être serait de traduire, du sens imagé au sens propre, les rêves et visions qui peuplent le sommeil. Beaucoup de gens n'auraient pas l'esprit assez subtil pour faire eux-mêmes cette version, si le livre n'y pourvoyait. D'où son nom de *Livre des songes*. Il vous dira, par exemple, que voir en dormant un arbre avec des fruits, cela signifie du bien; avoir sur la tête une couronne d'or, signifie procès; des bottines neuves, profit; courir nu, une fraude de parents; perdre son cheval, une perte d'amis; voir des bœufs indique la fidélité de sa femme; voir un loup, c'est perdre la parole...

Tout cela nous fait sourire, n'est-ce pas? Mais, dans le doux pays italien, cela fait, hélas! pleurer beaucoup de pauvres gens.

XVII

Mon ami Dévastard. — Conclusion.

Comme je me réjouissais de le retrouver! Comme je suivais allégrement, la pensée tout occupée de lui, la longue route qu'il faut faire pour monter jusqu'à son atelier! On traverse le Tibre, puis on le longe, on coupe en deux le Trastévère, et l'on s'engage enfin dans la via Garibaldi, qui grimpe en limaçon aux flancs du Janicule. Je ne crois pas qu'il y ait en Italie un peintre plus haut logé, mieux perdu entre ciel et terre, aucun dont l'habitation ait autant de conformité avec la nature d'esprit et les goûts de l'habitant. Sa maison, située tout en haut de la colline, adossée à un roc, bordée à sa base par une vieille rue mousseuse, où des végétations que peu de passants contrarient comblent les degrés effrités d'un escalier antique, s'élève au-dessus de toutes les autres, dans la pleine lumière aérienne, dominant un horizon immense. De là mon ami Dévastard peut découvrir Rome, Rome qui l'a conquis, le possède, le tient par les plus forts liens qui soient : l'admiration d'un cœur artiste et la longue habitude de la vie. Elle lui a pris sa patrie, elle l'a isolé, elle lui a défendu tous les succès bruyants, les expositions, les camaraderies, elle lui permet à peine quelques rares échappées en France, et le rappelle bien vite. Et lui obéit toujours, il reste ou il revient, il ne peut vivre loin de l'Italie, loin de Rome, loin de cette colline, d'où l'on voit à ses pieds la ville vénérable et le Tibre qui s'en va dans la paix sans borne de la campagne. Étrange destinée, ou plutôt étrange cœur que le nôtre, qui peut porter tant de sortes d'amour!

Malgré son nom terrible, on le devine à ces premiers détails, ce peintre est un homme doux. Il ne s'est pas marié. Je ne lui connais qu'une petite idylle, qu'il m'a racontée lui-même, avec ce sourire un peu triste qui vient à la place des larmes, quand les chagrins sont anciens.

Je crois qu'il avait vingt ans alors. Il arrivait en Italie, et n'en était encore qu'à Florence. Ce qu'il y faisait, personne n'hésitera à le deviner : il copiait, il cueillait sa provision de belles têtes de vierges, d'anges, de patriarches, de sibylles, il notait ces plis merveilleux des draperies, ces lignes des corps couchés ou debout, d'une grâce forte et naïve, dont il restait quelque chose au bout de ses doigts d'artiste, comme aux doigts d'un herborisant le parfum des fleurs coupées. Et justement il commençait, au musée des Beaux-Arts, une *Descente de croix* de l'Angelico, le maître sans ombre, qui l'avait séduit, — car déjà son œil devenait italien, et cherchait la lumière éclatante. Une jeune fille achevait le même tableau, qu'on avait descendu, selon l'usage, et placé sur un chevalet, auprès d'une fenêtre. Les tabourets étaient voisins. Les deux boîtes de couleurs se touchaient. Il fallait bien causer un peu.

Elle était visiblement très timide comme lui, italienne et du type qu'il aimait : brune, un teint d'or fondu et de grands yeux sombres qui éclairaient pourtant tout le visage. Ils ne se demandèrent ni leurs noms, ni leur pays. A quoi bon? Est-il besoin de présentation, quand on peint le même tableau? Il lui dit seulement : « Mademoiselle, vous avez choisi là une œuvre difficile, mais qui fait honneur à votre goût. — Monsieur, répondit-elle, je ne l'ai pas choisie : c'est une commande d'une dame anglaise. Je peins pour qui veut bien m'employer, au Pitti, aux Offices, ou ici. » Mon ami vit par là qu'elle était pauvre, et cela lui causa quelque plaisir, parce que cela la rapprochait de lui. Mais il n'eut garde de l'avouer, et, pour ce jour-là, avec un ou deux conseils, deux ou trois coups de pinceau qui corrigèrent un trait dans le dessin de la voisine, ce fut tout. Le lendemain, elle lui demanda : « Je n'ai plus de rose; voulez-vous m'en prêter? » S'il voulait! Il eût volontiers donné toutes les couleurs de sa boîte, et ses pinceaux, et plus encore, pour le sourire qu'elle lui rendit. Le troisième jour, il remarqua qu'une odeur de lilas flottait, légère et par moments, autour d'eux. Il n'interrogea pas. Ce fut la jeune fille qui dit : « Je suis allée ce matin aux jardins Boboli, les lilas étaient fleuris, et j'étais de belle humeur, et j'en ai mis à mon corsage! » Il crut comprendre, il eut même la certitude qu'elle entendait dire ainsi bien plus qu'elle ne disait. Il la trouvait charmante. Vingt fois, il fut tenté de le lui déclarer. Il n'osa pas... et le quatrième jour, elle ne revint plus: la copie était terminée, l'idylle aussi. Depuis, bien des années après, ils se sont retrouvés à Rome, dans le même musée. Ils ont travaillé l'un près de l'autre une semaine ou deux. Elle n'était plus jeune. Lui non plus. Peut-être lui a-t-elle demandé: « Passez-moi du gris? passez-moi du noir? » Mais l'heure unique entre toutes avait fui, celle où l'on cueille en joie les lilas dans les jardins Boboli. Et mon ami ne s'est pas marié.

Je songeais à cette petite histoire en montant la via Garibaldi, qui me rappelait la route de Nice à Villefranche, je ne sais trop pourquoi, peut-être parce qu'elle grimpe en tournant, et qu'elle a aussi de grandes échappées bleues, par-dessus la ville.

Brusquement, je tournai dans l'ombre de la ruelle. La porte était ouverte, comme autrefois. Au rez-de-chaussée, dans une mauvaise cour humide et taillée en plein roc, des laines, sortant de la teinture, essayaient de sécher. Leur pourpre violent paraissait noir. Au premier étage, il y avait déjà du soleil, tempéré par la pointe d'un arbre planté sur la pente en face. Au second, c'était le plein ciel, sans une ombre.

Quand j'entrai, encore ébloui, j'aperçus mon vieil ami, au haut de son échelle, en pleine veine de travail, sa barbe et ses cheveux blancs hérissés en flammes autour de son visage fortement coloré, et ses petits yeux plissés qui me regardaient venir derrière ses lunettes bleues.

— C'est vous ! s'écria-t-il.

Il descendit quelques échelons, juste assez pour m'embrasser, puis remonta vers le plafond, et, comme un jeune peintre fanatique de son art, qui ne saurait parler d'autre chose, il me demanda pour première question, à moi qui venais de France et qu'il n'avait pas vu depuis des années :

— Que pensez-vous de ceci ?

J'avais quitté Dévastard peignant une nymphe, je le retrouvais peignant un saint Jérôme. Pour le reste, rien de changé. C'était le même dessin, large et net, avec un fond de paysage romantique. Vous vous souvenez de ces tableaux de l'École italienne, où les peintres ont soin de toujours ouvrir une porte, une fenêtre, une lucarne, pour nous montrer par là un labyrinthe, une plaine aux arbres grêles, un fleuve roulé comme un serpent, un jardin où poussent des renoncules à perte de vue. Dévastard est un disciple si fervent de Léonard et de Luini qu'il leur a pris jusqu'à cette ancienne mode. Et cela ne faisait point mal, je vous assure, et ce saint Jérôme, à genoux dans un pré, au bord d'une rivière qui devait symboliser le temps rapide, avait meilleur air que dans les cavernes où on le loge si souvent, sous le vain prétexte qu'il vivait retiré en un désert de Syrie.

— Bien belle barbe ! répondis-je.

Il répliqua sérieusement :

— La plus belle de Rome. Je ne crois pas que le géant, — il nomme ainsi Michel-Ange, — en ait rencontré une plus luxuriante, mieux annelée, plus souple de la pointe, quand il tailla son *Moïse* : j'ai un modèle unique.

Machinalement, je cherchai des yeux l'homme dont parlait Dévastard.

— Ne cherchez pas, me dit-il : je ne l'ai pas aujourd'hui, parce que c'est jour de crue.

— Jour de crue?

— Eh oui! Vous avez remarqué peut-être que le Tibre a beaucoup grossi la nuit dernière?

— Sans doute; mais je ne vois pas la relation entre la crue du Tibre et l'absence de votre homme.

— Elle est étroite. Je ne puis pas beaucoup payer mes modèles, vous savez. La plupart ont un autre état. Celui-là est pêcheur de bois flottant. Vous n'avez qu'à aller au *ponte Sisto*, vous verrez au milieu du fleuve, à l'endroit où le courant fait un pli dans les eaux, un bateau qu'un rameur maintient à la même place, et, debout sur l'avant, harponnant de sa main sûre les branches ou les bûches qui

flottent, vous reconnaîtrez mon saint Jérôme.
Dans les bonnes crues, il remplit ainsi jusqu'à
deux batelées. Ces jours-là, moi, je fais mes
fonds.

Et, pour me montrer la chose, touchant la
peinture du tampon de son appui-main, il se
mit à tapoter à petits coups un coin de ciel.
Les nuages naissaient au bout de son pinceau.
Il était content de me prouver avec quelle
aisance et quelle sûreté de main il travaillait
encore. Un sourire, d'une malice ingénue,
ridait la toison de ses joues.

— Heureux homme! lui dis-je.

— Vous dites bien, répondit-il, très heureux, je ne connais personne qui le soit davantage. Être peintre, célibataire et habiter Rome, n'est-ce pas une vie enviable?

— Et depuis combien d'années la menez-vous ainsi?

Il s'arrêta de travailler, la démonstration étant complète, se détourna de mon côté, et, toujours assis sur son barreau d'échelle, l'appui-main barrant le corps, le pouce dans la palette :

— J'étais venu à Rome, dit-il, pour y

passer six semaines, voilà quarante ans que j'y suis. Comment elle m'a pris, je n'en sais rien. Tant de choses peuvent cheminer dans le cœur, comme sous terre, sans que nous nous en apercevions! Ce que je sais bien, c'est que je me suis trouvé un jour éperdument épris de cette ville unique, c'est que j'étais arrivé pour lui demander la gloire, et qu'elle m'a donné la paix. Non, vous n'avez pas l'idée, vous autres, de cette paix-là : ni expositions, ni concours, ni coteries, ni visites, ni luttes pour la vie, ni réclame, mais le calme indéfini, des souvenirs et des chefs-d'œuvre partout, qui agrandissent l'esprit, aucune dépendance, un loyer minuscule et une vue prodigieuse. A cinq heures et demie du matin, je quitte ma maison, qui est voisine, et je monte ici. Le soir, à cinq heures, je laisse le travail. Rien ne m'a troublé : j'ai eu de la lumière et de l'air, de quoi griser ma poitrine et mes yeux, j'ai un peu songé, un peu avancé mon œuvre, je me sens l'âme en joie. Que voulez-vous de plus ? Il m'arrive d'être un mois sans sortir.

— Cependant...

— Pourquoi faire? Pour contempler les enlaidissements de Rome? Je ne les aperçois pas d'ici. Vous ne sauriez croire tout ce que Rome a perdu d'originalité et de ruines qui faisaient sa gloire, ou qui faisaient la nôtre! Tenez, il y avait le long du Tibre, en face de la Ripetta, à l'endroit où l'on construit maintenant des quais, comme pour un port de mer, il y avait un groupe de maisons habitées par des ouvriers. Elles avaient sur leurs murs la poussière d'au moins trois siècles. Leurs pieds trempaient dans le Tibre, et le soir, quand le soleil se couchait, quand des loques pendaient aux fenêtres, ce que le fleuve autour d'elles roulait de reflets éclatants!... Je vous avoue, mon cher, que je manque de résignation pour les couleurs qu'on m'enlève, et que j'hésite aujourd'hui à repasser par là.

— Mais, vous avez des amis? Vous allez les voir?

— J'en avais. Nous étions autrefois toute une colonie d'artistes français, à Rome, nous formions une véritable Académie de peinture, où l'on adorait l'art italien et la France tout ensemble. C'était charmant, je vous assure, et utile aussi pour l'art national, pour notre prestige même à Rome, ce pèlerinage permanent de nos peintres aux œuvres des grands maîtres. Beaucoup d'entre nous ne faisaient pas comme moi : ils passaient seulement ici cinq ou six ans, et retournaient à Paris. Mais ils étaient remplacés. Toutes les collines avaient leur hôte. Et voilà que le recrutement a cessé depuis une quinzaine d'années. Les vieux meurent, les jeunes ne viennent plus. Où vont-ils apprendre à peindre? Vous me le direz peut-être. En tout cas, nous sommes bien peu aujourd'hui qui représentons, à Rome, — en dehors de la villa Médicis, — l'École de France, trois ou quatre amis, des ermites comme moi, inconnus du grand public français, mieux encore ignorés dans leur patrie d'adoption, heureux tout de même et convaincus plus que jamais que leur voie est la meilleure!

Il s'animait, causant ainsi. L'amour profond de son art rajeunissait en lui ses anciens enthousiasmes et jusqu'à son visage.

Ses yeux gris, sous le battement de ses paupières criblées de rides, lançaient une flamme.

Il reprit avec feu :

— Qu'importe ? Lors même que je serais seul, dernier tenant d'une tradition qui fut grande et suivie, le nombre de mes meilleurs amis n'en serait pas diminué. Mes amis, ils sont dans les musées, dans les galeries patriciennes, dans les églises : ce sont les maîtres passés. Je les connais tous. Dès que je m'ennuie, je vais les visiter. Je m'assieds parmi eux — ou parmi leurs œuvres, n'est-ce pas une même chose ? — dans de belles salles de leur temps où ils sont tous ensemble, sans voisinage compromettant, sans médiocrité troublante autour d'eux. Plaisir unique ! Je ne sais rien de si pénétrant que de telles conversations, que cette impression qui s'empare de nous quand les rêves qui en ont animé d'autres nous remuent à notre tour. On regarde au hasard, devant soi. Une vierge de Bonifacio, du Pérugin, de Lambertini, une Italienne au corsage raide tramé d'or, au front mouillé d'une perle fine comme un œillet d'une goutte d'eau, un mouvement d'une grâce inattendue et choisie, le pli d'un vêtement qui tombe, et c'est assez ! Une mélancolie délicieuse nous prend le cœur. Où sont-elles, ces jeunes femmes? Mortes. Où, ces sourires divins de leur bouche? Évanouis. Où, ces enfants aux têtes blondes? Disparus. Disparus aussi les hommes qui les ont connus, qui ont aimé, songé, cherché la beauté supérieure et l'ont trouvée une fois ou dix fois dans leur vie. Et pourtant tout cela se réveille, tout cela ressuscite, grâce à la pensée définitive de l'artiste, fixée et portée jusqu'à nous sur un peu de toile ou sur une planche de bois. Tant d'heures effacées à jamais, heures de travail de ces maîtres, de causeries au pied des chevalets, d'ambitions et de découragements, de doute et de jouissance suprême, je les revis avec eux. Eux-mêmes je les vois, je les aurais tant aimés! Je sens leurs âmes autour de la mienne. Nous causons... et si quelque petite Anglaise arrive en ces moments-là, son Bædeker à la main, je la prends pour une dame florentine qui vient d'entrer, son missel sous le bras, dans l'atelier de Léonard, et je suis tenté de lui dire : « C'est vous, Fiorentina?... Ne faites pas de bruit, car il travaille... entrez quand même, et voyez-le. »

— Ah! mon ami, lui dis-je, êtes vous identifié avec cette Italie !

— Est-ce que vous ne l'êtes pas?

— Moins que vous. Je l'aime, ou du moins je sens que cela viendrait vite. Mais il y a des choses encore qui m'étonnent. Tous les goûts italiens ne sont pas devenus les miens.

— Par exemple?

— Par exemple, cette passion de l'éclat, du marbre rare, de la pierre précieuse. On ne peut pas entrer dans une église que le cicerone ou l'ami qui vous accompagne ne vous dise : « Regardez, monsieur, cette colonne est toute d'albâtre, *tutta d'alabastro*; ce globe de lapis est le plus gros qui soit au monde; ce marbre pentélique à queue de paon n'a pas son pareil; cette mosaïque infiniment précieuse est toute en rouge de Numidie, jaune antique, vert d'Egypte et riche africain noir, dont les carrières, vous le savez, sont perdues. » Ces mots-là leur emplissent la bouche. Il semble que la matière, en dehors même de la forme, exerce sur eux une attraction puissante.

— Goût des Latins! goût des Grecs! s'écria Dévastard. Les Italiens ont hérité l'amour de ces choses. Rappelez-vous les descriptions d'Homère, bonhomme qui s'attarde aux boucliers de ses héros, aux incrustations des armes, aux paillettes mêlées au tissu dans les robes des femmes. Rappelez-vous les descriptions d'Ovide, celle-ci, par exemple : « Le palais du soleil s'élevait sur de hautes colonnes, tout brillant d'or, tout étincelant du feu des pierreries. L'ivoire éclatant en couronnait le faîte, et ses doubles portes d'argent rayonnaient de lumière éblouissante... Couvert d'un manteau de pourpre, Phébus était assis sur un trône d'émeraudes, etc. » N'est-ce pas le même amour de la matière lumineuse! Les peuples du Midi jouissent plus que nous du soleil et de tout ce qui contient un peu de soleil. Ils en éprouvent une ivresse. Et la mosaïque est née de là. Ces petits carrés jaunes, rouges, verts, oranges, bleus, collés les uns aux autres, qui se prêtent mal au dessin et déroutent vos idées de demi-teintes et d'ombre, les enchantent, au contraire. C'est pour eux un assemblage de rayons vifs. Et tenez, si vous regardez bien, la mosaïque est partout. Elle n'a pas même besoin d'être expliquée par une loi d'hérédité... Venez ici, et vous allez voir!

Il descendit rapidement de son échelle, me prit par le bras, me mena vers la fenêtre, et l'ouvrit toute grande.

Une senteur chaude, un large souffle venu de la campagne souleva le store de toile qui pendait en haut.

— Voyez! dit-il. Les montagnes là-bas, sont d'un bleu sombre comme des blocs de lapis-lazuli, d'autres plus proches ont l'air de marbre violet, veiné de blanc. Tout à leurs pieds, sans transition, commence la plaine rousse. Plus près, tachant la ville, ces marbres des vieux palais, qui ont tant bu de soleil, ne ressemblent-ils pas à des topazes brûlées? Ces aqueducs anciens qui roulent leurs arcades rouges sur les prairies, ne dirait-on pas les veines régulières des albâtres ondés? Les dômes sont des gouttes d'or ou des agates rayées par la pluie d'hiver. Partout, une flamme. Point d'ombres mêlées de jour, point de clair obscur! L'Italie est une grande pierre précieuse, et c'est pour cela encore que les Italiens les aiment tant. Si vous restiez ici, vos yeux deviendraient comme les nôtres, ils se déferaient de leurs brumes, ils se réjouiraient bientôt avec nous dans tout ce qui rappelle, attire, relance, répand la divine lumière où nous vivons... Mais vous partez?

— Demain.

— Croyez-moi, mon cher, voir n'est rien : il faut se pénétrer des choses. Demeurez un mois avec moi.

— Je ne puis pas.

— Alors vous reviendrez en Italie?

— Je le crois.

— Je le crois, répéta-t-il tristement : nous ne pouvons pas dire autre chose, en effet, des mots incertains, comme l'avenir et comme nous...

En disant cela, il m'avait reconduit à la porte de son atelier. Il me tendit la main, et je la serrai avec cette petite émotion cruelle que nous cachons d'un sourire et d'un « au revoir », lorsque l'ami dont on se sépare est de ceux qu'on reverra peut-être, et que peut-être on ne reverra pas.

FIN

TABLE

—

AVANT-PROPOS   I

I. — Un domaine seigneurial en Piémont   1
II. — Venise. — La note moderne. — Les réservistes. — Sensations rapides. — Une idylle.   18
III. — De Venise à Trieste la nuit. — Trieste et ses deux rivales. — La mêlée des races. — Pour une photographie. — La dernière conquête des Slaves   39
IV. — Sur la route d'Adelsberg. — Un compartiment de troisième classe. — Opinions d'un musicien italien et de deux vélocipédistes hongrois. — L'irrédentisme. — La démonstration du vendredi   54
V. — Les deux Bologne. — L'Université. — Les nations de Flandre et d'Espagne.   72
VI. — Un patriote grand seigneur. — Son opinion sur la triple alliance. — La marquise B...   88
VII. — Le palais du marquis B... — Les partis italiens. — Mélancolie d'un jeune homme riche. — La peur de se compromettre. .   106

VIII.	— Florence la nuit. — Une œuvre pie : *la Miséricorde*. — Les pigeons du Dôme...	127
IX.	— Assise.............................	144
X.	— Observations psychologiques à propos de Massaoua..........................	160
XI.	— La ville et la territoire de Massaoua. — Les alliés de l'Italie. — L'avenir de la colonie Érythrée...........................	181
XII.	— La famille Tacconi. — Les ouvriers français à Rome. — La troisième visite........	199
XIII.	— La *combinazione*. — Pourquoi les Italiens n'ont pas de romanciers.............	226
XIV.	— La pénétration allemande. — L'influence française.........................	243
XV.	— L'enseignement secondaire à Rome.....	266
XVI.	— La loterie........................	283
XVII.	— Mon ami Dévastard. — Conclusion.....	302

www.ingramcontent.com/pod-product-compliance
Lightning Source LLC
Chambersburg PA
CBHW070617160426
43194CB00009B/1291